The *Big* Guitar Chord Songbook

More Eighties Hits

This publication is not authorised for sale in the United States of America and/or Canada

Wise Publications
London/New York/Paris/Sydney/Copenhagen/Berlin/Madrid/Tokyo

Published by:
Wise Publications
8/9 Frith Street, London, W1D 3JB, England.

Exclusive Distributors:
Music Sales Limited
Distribution Centre, Newmarket Road, Bury St Edmunds, Suffolk, IP33 3YB, England.
Music Sales Pty Limited
120 Rothschild Avenue, Rosebery, NSW 2018, Australia.

Order No. AM91931
ISBN: 0-7119-4047-9

Edited by David Harrison.
Music processed by Paul Ewers Music Design.
Compiled by Nick Crispin.

Printed in the United Kingdom by
Caligraving Limited, Thetford, Norfolk.

www.musicsales.com

Abracadabra

Words & Music by Steve Miller

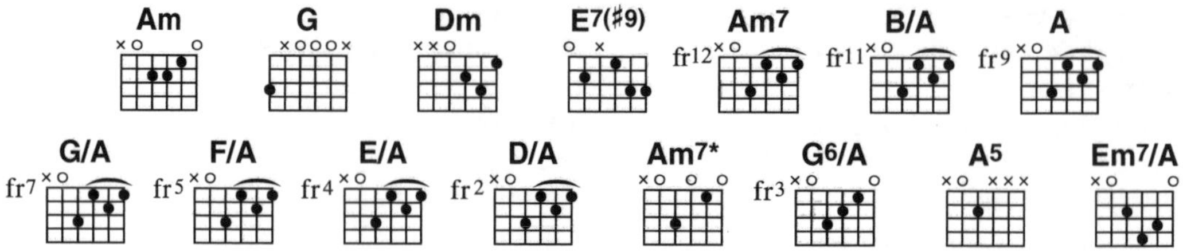

Tune guitar slightly sharp

Intro ‖: Am | Am | Am G | Am G Am :‖

Verse 1

Am Dm
I heat up, I can't cool down
E7(#9) Am
You've got me spinning a - round and round
Dm
Round and round, and round it goes,
E7(#9) Am
Where it stops, nobody knows.
Dm
Every time you call my name
E7(#9) Am
I heat up like a burning flame,
Dm
Burning flame, full of desire
E7(#9)
Kiss me baby, let the fire get higher.

Chorus 1

Am Dm E7(#9) Am
A - bra - abraca - dabra, I wanna reach out and grab ya
Dm E7(#9) Am
Abra - abraca - dabra, Abracada - bra.

Verse 2

```
                       Dm
You make me hot, you make me sigh,
E7(#9)                        Am
   You make me laugh, you make me cry,
                   Dm
Keep me burning for your love
E7(#9)                  Am
   With the touch of a velvet glove.
```

Chorus 2

As Chorus 1

Verse 3

```
                     Dm
I feel the magic in your caress,
E7(#9)                 Am
   I feel magic when I touch your dress,
                 Dm
Silk and satin, leather and lace
E7(#9)                      Am
    Black panties with an angel's face.
              Dm
I see magic in your eyes
E7(#9)               Am
   I hear the magic in your sighs.
                               Dm
Just when I think I'm gonna get away
E7(#9)                       Am
   I hear those words that you always say.
```

Chorus 3

As Chorus 1

Verse 4

```
                  Dm
Every time you call my name
E7(#9)              Am
   I heat up like a burning flame,
                  Dm
Burning flame, full of desire
E7(#9)
   Kiss me baby, let the fire get higher...  yeah-yeah.
```

Instrumental 𝄆 Am | Dm | E7(♯9) | Am 𝄇

| Am | Dm | E7(♯9) | E7(♯9) | E7(♯9) |

| E7(♯9) | Am | Am | Am G | Am G Am ‖

Outro

```
Am
   I heat up, I can't cool down
                       G  Am   G  Am
My situation goes   round   and round

I heat up, I can't cool down
                       G  Am   G  Am
My situation goes   round   and round

I heat up, I can't cool down
                       G  Am   G  Am
My situation goes   round   and round.
```

| Am7 | B/A | A | G/A |

| F/A | E/A | D/A | Am7* |

| G6/A | Am | D/A | E/A |

| F/A | G/A | A | G/A |

| F/A | E/A | D/A | Am7* | G6 |

𝄆 A5 Am Em7/A | A5 Em7/A Am 𝄇 *Play 16 times*

| Am ‖ *Fade*

All Out Of Love

Words by Graham Russell & Clive Davis
Music by Graham Russell

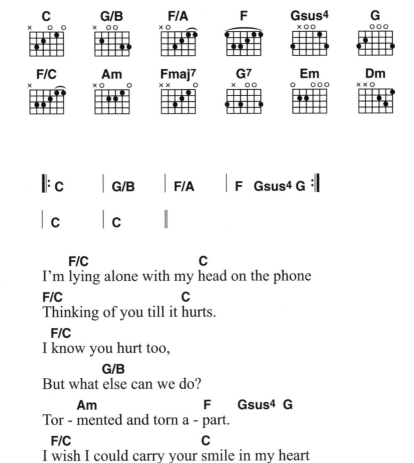

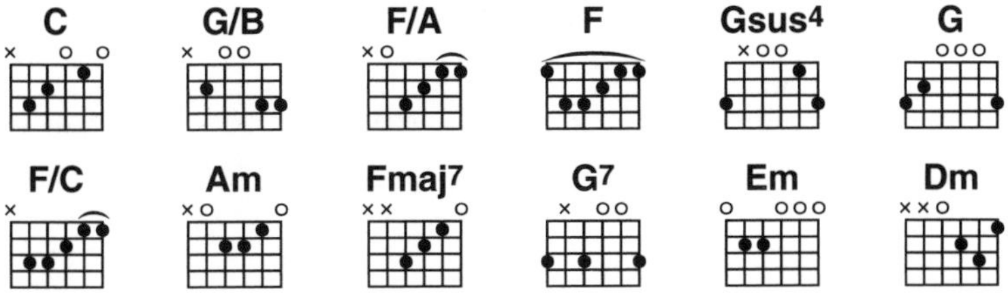

Intro

𝄆 C | G/B | F/A | F Gsus4 G 𝄇

| C | C ||

Verse 1

F/C C
I'm lying alone with my head on the phone
F/C C
Thinking of you till it hurts.
F/C
I know you hurt too,
G/B
But what else can we do?
Am F Gsus4 G
Tor - mented and torn a - part.
F/C C
I wish I could carry your smile in my heart
F/C C
For times when my life seems so low,
F/C G/B
It would make me believe what to - morrow could bring
Am Fmaj7
When today doesn't really know,
G7
Doesn't really know

```
                  C
*Chorus 1*     I'm all out of love,
                  G/B
               I'm so lost without you
                F/A
               I know you were right
                   F            Gsus4  G
               Be - lieving for so      long.
                  C
               I'm all out of love,
                     G/B
               What am I without you
                F/A
               I can't be too late
                  F             Gsus4  G     C
               To say that I was    so   wrong.

                F/C                            C
*Verse 2*      I want you to come back and carry me home
                   F/C                           C
               A - way from these long lonely   nights.
                   F/C                          G/B
               I'm reaching for you, are you feeling it too?
                         F/A                  Fmaj7  G
               Does the feeling seem oh, so right?
                    F/C                          C
               And what would you say if I called on you now,
                    F/C                     C
               And said that I can't hold on?
                        F/C                  G/B
               There's no easy way, it gets harder each day,
                          Am               Fmaj7
               Please love me or I'll be gone,
                         G7
               I'll be gone...

*Chorus 2*     As Chorus 1
```

Bridge

Am Em F Em
Love, what are you thinking of?

Dm Am
What are you thinking of?

Em F Em
What are you thinking of?

Dm F F/A F G/B
What are you thinking of?

Chorus 3 As Chorus 1

Chorus 4 As Chorus 1

Chorus 5

C
I'm all out of love

G/B
I'm so lost without you

F/A
I know you were right

F Gsus4 G
Be - lieving for so long.

C
I'm all out of love,

G/B
What am I without you

F/A
I can't be too late

F G C
To say that I was so wrong.________
I'm all out of love

G/B
I'm so lost without you

F/A F G C
I know you were right.

Alone

Words & Music by Billy Steinberg & Tom Kelly

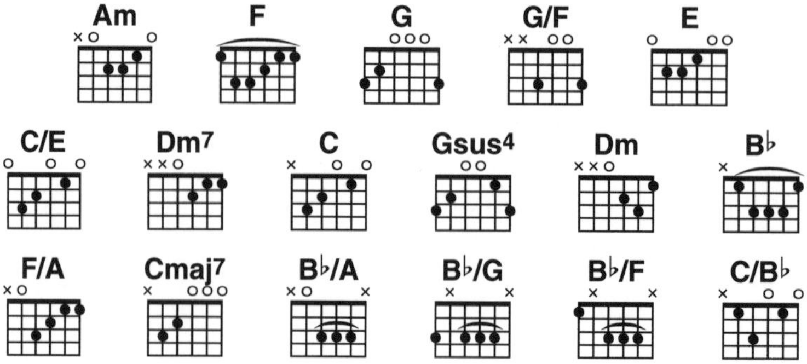

Intro | Am F | G G/F | Am F | G E ||

Verse 1

```
Am              F                G              G/F              Am                F  G  E
   I hear the ticking of the clock, I'm lying here the room's pitch dark
Am              F                          G            G/F                  Am         F  G  E
   I wonder where you are to - night, no answer on your telephone
              F                    C/E         Dm7    C
And the night goes by so very slow
          F                        C/E        Dm7     Gsus4  G
Oh I hope that it won't end though

Alone
```

Chorus 1

```
Dm       B♭        F              C
   'Til now, I always got by on my own
Dm  B♭                    F               C
      I never really cared until I met you
Dm  B♭                    F                C
         And now it chills me to the bone
F/A          B♭          C
How do I get you a - lone
F/A          B♭          C         Cmaj7
How do I get you a - lone
```

Verse 2

```
Am                  F                 G
   You don't know how long I have wanted
   G/F                 Am              F G E
To touch your lips and hold you tight.
Am                  F                 G
   You don't know how long I have waited
     G/F          Am          F      G E
And I was gonna tell you to - night.
        F         C/E          Dm7 C
But the secret is still my own,
         F             C/E            Dm7 Gsus4 G
And my love for you is still unknown
   C
A - lone
```

Link

```
| Dm  B♭ | F   C  | Dm  B♭ | F   C  ||
                      Oh  -  ohhhh...
```

Chorus 2

```
Dm    B♭    F         C
   'Til now, I always got by on my own
Dm B♭         F           C
    I never really cared until I met you
Dm B♭        F           C
      And now it chills me to the bone
F/A        B♭          C
How do I get you a - lone
F/A        B♭          C
How do I get you a - lone
```

Gtr solo

```
| Dm  B♭  | F   C      | Dm   B♭  | F   C   |
| B♭  B♭/A | B♭/G B♭/F | C/E Dm7 | C  C/B♭ ||
```

Outro

```
F/A        B♭          C
How do I get you a - lone
F/A        B♭          C
How do I get you a - lone
    F/A B♭ C
A - lone
    F/A B♭ C
A - lone

| Am  F | G  G/F | Am  ||
```

Army Dreamers

Words & Music by Kate Bush

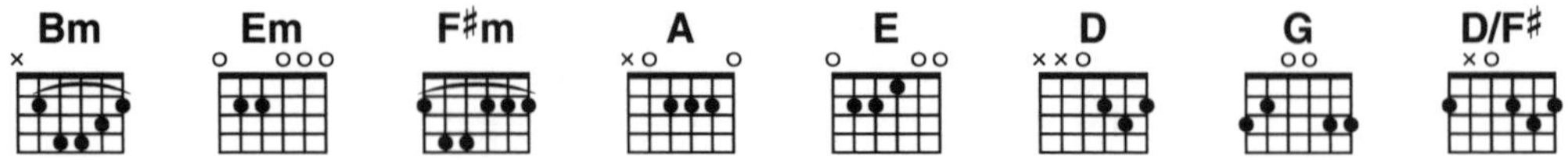


```
         Bm Em F♯m A
Intro                B.F.P.O.

         Bm    Em           F♯m   A
         Army    dreamers.        Mammy's hero.

         Bm Em F♯m A
                     B.F.P.O.

         Bm Em F♯m A
                     Mammy's hero.


         Bm                Em
Verse 1  Our little army boy

          F♯m                 A
         Is coming home from B.F.P.O.

         Bm                Em
           I've a bunch of purple flowers

           F♯m        A
         To decorate a mammy's hero.

         Bm                  Em
           Mourning in the aerodrome,

            F♯m                A
         The weather warmer, he is colder.

         Bm               Em
           Four men in uniform

           F♯m               A
         To carry home my little soldier.
```

Chorus 1

```
Bm
What could he do?
E                          D
Should have been a rock star.
              F♯m                    Bm
But he didn't have the money for a guitar.

What could he do?
E                          D
Should have been a poli - tician.
              F♯m                Bm
But he never had a proper edu - cation.

What could he do?
E                        D
Should have been a fa - ther.
              F♯m                Bm
But he never even made it to his twenties.
```

Link 1

```
D
What a waste
G      Bm
Army dreamers.
G        D/F♯
  Ooh, what a waste of
G      Bm        G
Army dreamers.
```

Verse 2

```
Bm              Em
Tears o'er a tin box.
    F♯m            A
Oh, Jesus Christ, he wasn't to know,
Bm                Em
  Like a chicken with a fox,
   F♯m             A
He couldn't win the war with ego.
Bm                 Em
  Give the kid the pick of pips,
     F♯m               A
And give him all your stripes and ribbons.
Bm                 Em
  Now he's sitting in his hole,
   F♯m                 A
He might as well have buttons and bows.
```

```
Chorus 2      As Chorus 1

              D
Link 2        What a waste
              G      Bm
              Army dreamers.
              G          D/F#
                Ooh, what a waste of
              G      Bm       G
              Army dreamers.
              G          D/F#
                Ooh, what a waste of all that
              G      Bm
              Army dreamers,
              G      Bm
              Army dreamers,
              G      Bm      G    Bm     | N.C.  | N.C.  | N.C.  |
              Army dream - ers, oh...

              Bm                    Em     F#m  A
Outro           Did-n-did-n-did-n-dum...        B.F.P.O.
              Bm     Em            F#m  A
                Army    dreamers.       Mammy's hero.
              Bm Em F#m A
                          B.F.P.O.
              Bm     Em            F#m  A
                Army    dreamers.       Mammy's hero.
              Bm Em F#m A
                          B.F.P.O.
              Bm          Em          F#m  A
                No harm     heroes.        Mammy's hero.
              Bm Em F#m A
                          B.F.P.O.
              Bm     Em            F#m  A
                Army    dreamers.       Mammy's hero.
              Bm Em F#m A
                          B.F.P.O.
              Bm          Em
                No harm     heroes.   Fade
```

Ashes To Ashes

Words & Music by David Bowie

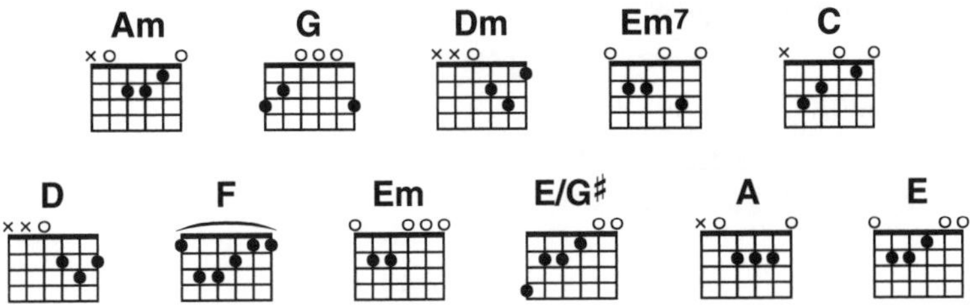

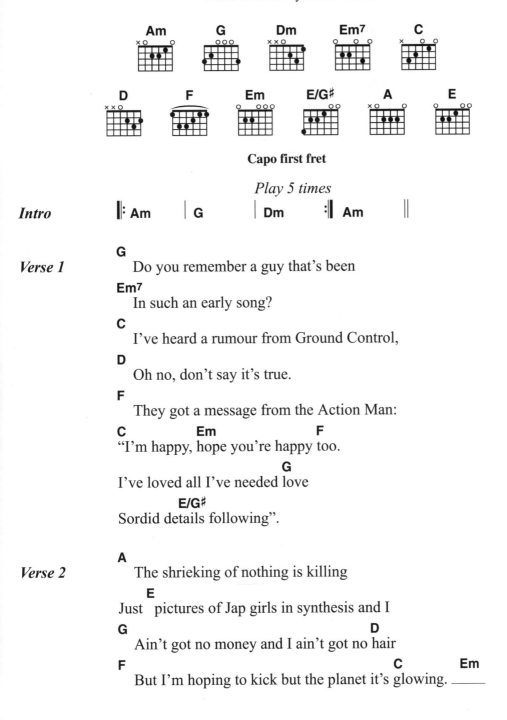

Capo first fret

```
                       Play 5 times
Intro        |: Am    | G       | Dm     :| Am     ||

             G
Verse 1         Do you remember a guy that's been
             Em7
                In such an early song?
             C
                I've heard a rumour from Ground Control,
             D
                Oh no, don't say it's true.
             F
                They got a message from the Action Man:
             C          Em               F
             "I'm happy, hope you're happy too.
                                    G
             I've loved all I've needed love
                      E/G♯
             Sordid details following".

             A
Verse 2         The shrieking of nothing is killing
                 E
             Just  pictures of Jap girls in synthesis and I
             G                                    D
                Ain't got no money and I ain't got no hair
             F                                         C         Em
                But I'm hoping to kick but the planet it's glowing. ____
```

Chorus 1

```
F                  G
Ashes to ashes, funk to funky,
C                    Am
We know Major Tom's a junkie
F                          G
Strung out in heaven's high
            Am        G        Dm
Hitting an all-time low.
```

Play 4 times

Link 1 ‖: Am | G | Dm :‖ Am ‖

Verse 3

```
G
Time and again I tell myself
Em7
   I'll stay clean tonight,
C
   But the little green wheels
                         D
Are following me, _____

Oh no, not again.
F
   I'm stuck with a valuable friend:
C             Em                  F
"I'm happy, hope you're happy too?"
                    G                    E/G#
One flash of light but no smoking pistol.
```

Verse 4

```
A
   I've  never done good things,
E
   I've  never done bad things,
G                                  D
   I never did anything out of the blue, woh-o-oh.
F
   Want an axe to break the ice,
C                          Em
Wanna come down right now.
```

Chorus 2 As Chorus 1

Link 2 | Am | G ‖

Coda

```
Dm                    Am
My mother said to get things done
       G                   Dm
You'd better not mess with Major Tom.
Am                    G
My mother said to get things done
       Dm                  Am
You'd better not mess with Major Tom.
G                     Dm
My mother said to get things done
       Am                  G
You'd better not mess with Major Tom.
Dm                    Am
My mother said to get things done
       G                   Dm
You'd better not mess with Major Tom.

| Am  | G   | Dm  | Am  | G   | Dm  |

| Am  | G   | Dm  | Am  ||
```

Fade out

Buffalo Soldier

Words & Music by Bob Marley & Noel Williams

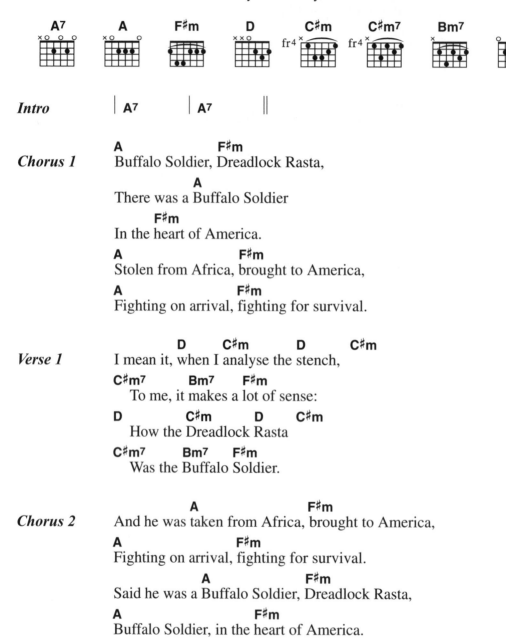

A7 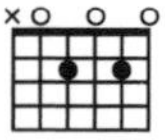 A 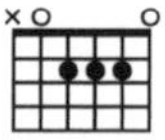 F♯m  D 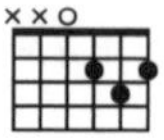 C♯m 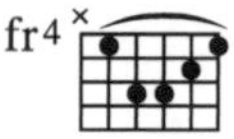 C♯m7 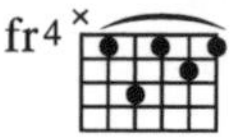 Bm7 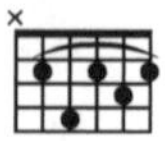 E 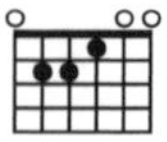

Intro | A7 | A7 ||

Chorus 1

```
A                  F♯m
Buffalo Soldier, Dreadlock Rasta,
               A
There was a Buffalo Soldier
       F♯m
In the heart of America.
A                      F♯m
Stolen from Africa, brought to America,
A                      F♯m
Fighting on arrival, fighting for survival.
```

Verse 1

```
           D       C♯m          D         C♯m
I mean it, when I analyse the stench,
C♯m7        Bm7     F♯m
   To me, it makes a lot of sense:
D             C♯m        D      C♯m
   How the Dreadlock Rasta
C♯m7        Bm7    F♯m
   Was the Buffalo Soldier.
```

Chorus 2

```
                 A                  F♯m
And he was taken from Africa, brought to America,
A                      F♯m
Fighting on arrival, fighting for survival.
                 A                  F♯m
Said he was a Buffalo Soldier, Dreadlock Rasta,
A                         F♯m
Buffalo Soldier, in the heart of America.
```

Verse 2

```
D          C#m         D        C#m
  If you know your history
C#m7                    Bm7                F#m
  Then you would know where you coming from,
D              C#m                D          C#m
  Then you wouldn't have to ask me __
C#m7          Bm7       F#m
  Who the heck do I think I am?
```

Chorus 3

```
             A
I'm just a Buffalo Soldier
        F#m
In the heart of America,
A                       F#m
Stolen from Africa, brought to America.
               A
Said he was fighting on arrival,
F#m
Fighting for survival,
                  A
Said he was a Buffalo Soldier,
          F#m
Win the war for America.
```

Link 1

```
           A
Said he, woe yoe yoe, woe woe yoe yoe,
F#m                          A
Woe yoe yoe yo, yo yo yo yo.

Woe yoe yoe, woe woe yoe yoe,
F#m                          A
Woe yoe yoe yo, yo yo yo yo.
```

Bridge

```
F#m
Buffalo Soldier,
                          D        C#m
Trodding through the  land,
                F#m
Said he wanna ran,

Then you wanna hand,
                          D          C#m   E
Trodding through the land, yea, yea.
```

Chorus 4

```
(E)             A
Said he was a Buffalo Soldier
           F#m
Win the war for America.
A                  F#m
Buffalo Soldier, Dreadlock Rasta,
A                       F#m
Fighting on arrival, fighting for survival,
A
Driven from the mainland
         F#m
To the heart of the Caribbean.
```

Link 2

```
           A
Singing, woe yoe yoe, woe woe yoe yoe,
F#m                        A
Woe yoe yoe yo, yo yo yo yo.

Woe yoe yoe, woe woe yoe yoe,
F#m                        A
Woe yoe yoe yo, yo yo yo  yo.
```

Chorus 5

```
A
Trodding through San Juan
         F#m
In the arms of America.
A                                  F#m
Trodding through Jamaica, a Buffalo Soldier
A                       F#m
Fighting on arrival, fighting for survival.
A                  F#m
Buffalo Soldier, Dreadlock Rasta.
```

Coda

```
A
Woe yoe yoe, woe woe yoe yoe,
F#m                        A
Woe yoe yoe yo, yo yo yo yo.

Woe yoe yoe, woe woe yoe yoe,
F#m                        A
Woe yoe yoe yo, yo yo yo  yo.
```

Can You Feel It

Words & Music by Michael Jackson & Jackie Jackson

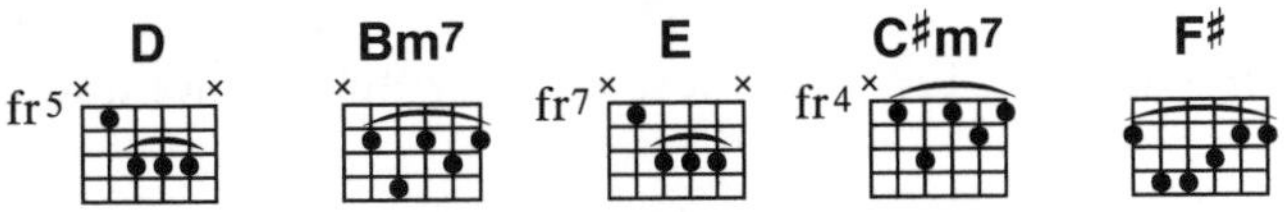

Chorus 1

```
                D          Bm7
Can you feel it?
                E          C♯m7
Can you feel it?
                F♯
Can you feel it?
```

Instrumental ||: F♯ | F♯ :|| *Play 5 times*

| D Bm | E C♯m7 | F♯ | F♯ ||

Verse 1

```
            F♯
If you look around,
The whole world's coming together now, babe.
```

Chorus 2 As Chorus 1

Verse 2

```
             F♯
Feel it in the air
The wind is taking it everywhere, yeah.
```

Chorus 3 As Chorus 1

```
                       F#                 Bm7           C#m7          F#
Bridge 1    All the colours of the world should be loving each other, whole - heartedly
                             Bm7                C#m7        F#
            Yes it's all fine, take my message to your brother and tell him twice.

            Spread the word and try to teach the man,
                Bm7          C#m7            F#
            Who's hating his brother, when hate won't do,
                                            Bm7               C#m7 F#
            'Cause we're all the same, yes the blood inside of me is inside of you,

            Now tell me...

                        D       Bm7
Chorus 4    Can you feel it?
                        E       C#m7
            Can you feel it?
                        F#
            Can you feel it?

            Now tell me...
                        D       Bm7
            Can you feel it?
                        E       C#m7
            Can you feel it?
                        F#
            Can you feel it?

            Yeah, yeah.

                  F#
Bridge 2    Every breath you take is someone's death in another place

            Every healthy smile is hunger and strife to another child.

            But the stars do shine in promising salvation, is near this time.

            Can you feel it now, so brothers and sisters, show we know how.

            Now tell me...
```

```
                     D        Bm7
Chorus 5    Can you feel it?
                     E        C♯m7
            Can you feel it?
                     F♯
            Can you feel it?

            Yeah, yeah
                     D        Bm7
            Can you feel it?
                     E        C♯m7
            Can you feel it?
                     F♯
            Can you feel it?

                                          F♯                  Bm7          C♯m7          F♯
Bridge 3    All the children of the world should be lovin' each other whole - heartedly
                                           Bm7                 C♯m7          F♯
            Yes, it's all right. Take my message to your brother and tell him twice.

            Take the news to the marching men
                      Bm7            C♯m7              F♯
            Who are killing their brothers, when death won't do
                                                Bm7                    C♯m7        F♯
            'Cause we're all the same as the     blood inside of me is in - side of you.

                     D        Bm7
Chorus 6    Can you feel it?
                     E        C♯m7
            Can you feel it?
                     F♯
            Can you feel it?
                     D        Bm7
            Can you feel it?
                     E        C♯m7
            Can you feel it?
                     F♯
            Can you feel it?

Outro       ||: F♯      :||
```

Coming Around Again

Words & Music by Carly Simon

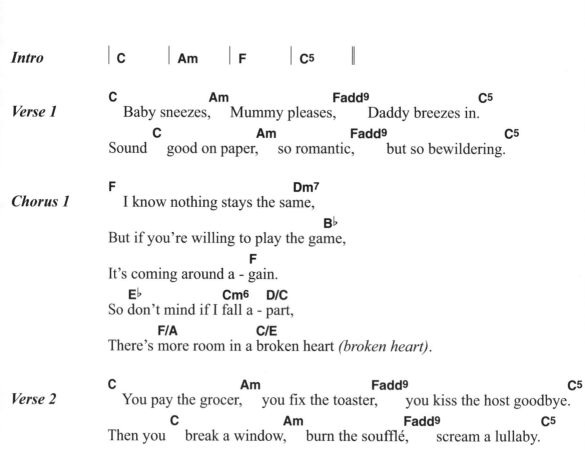

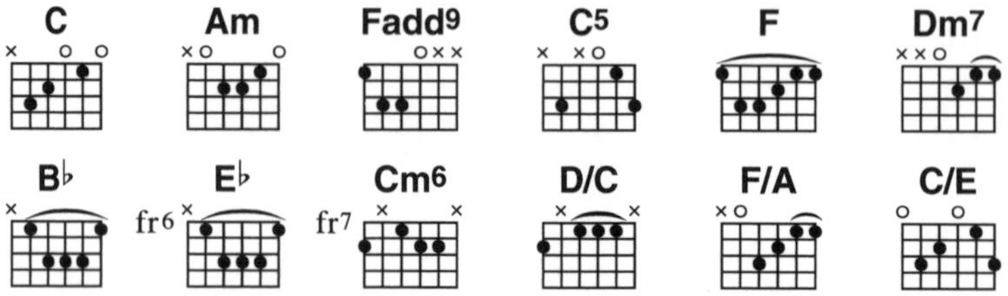

Intro | C | Am | F | C5 ||

Verse 1

```
C                  Am                  Fadd9                C5
   Baby sneezes,      Mummy pleases,        Daddy breezes in.
          C                  Am                Fadd9                C5
Sound      good on paper,      so romantic,        but so bewildering.
```

Chorus 1

```
F                                 Dm7
   I know nothing stays the same,
                                    B♭
But if you're willing to play the game,
                        F
It's coming around a - gain.
   E♭                Cm6   D/C
So don't mind if I fall a - part,
         F/A              C/E
There's more room in a broken heart (broken heart).
```

Verse 2

```
C                       Am                   Fadd9                    C5
   You pay the grocer,      you fix the toaster,      you kiss the host goodbye.
            C                  Am                  Fadd9                C5
Then you     break a window,      burn the soufflé,       scream a lullaby.
```

```
              F                                 Dm7
Chorus 2         I know nothing stays the same, (stays the same)
                                                 B♭
              But if you're willing to play the game, (play the game)
                                               F
              It will be coming around a - gain.
                 E♭                 Cm6   D/C
              So don't mind if I fall a - part,
                        F/A              C/E
              There's more room in a broken heart.

              C                  Am
Verse 3          And I believe in love,
                                Fadd9
              What else can I do?
                                  C5
              I'm so in love with you.

              F                  Dm7
Chorus 3         I know nothing stays the same, (stays the same)
                                                 B♭
              But if you're willing to play the game, (play the game)
                                               F
              It will be coming around a - gain.

              F                  Dm7                     B♭                  F
Outro            Baby sneezes,        Mummy pleases,       Daddy breezes in.
              (Love,  I believe in love,       I believe in love,    I believe in love)
              F                           Dm7                  Repeat B.V. to end
                 I know nothing stays the same,
                                               B♭
              But if you're willing to play the game,
                                               F
              It will be coming around a - gain
                                        Dm7
              I do believe, I do believe,    I believe in love,
              B♭                    F
                 I believe in love,    coming around again, coming around again.
                                       Dm7                               B♭
              Nothing stays the same,    but if you're willing to play the game

              It will be coming around a - gain
                                  Dm7
              I believe in love, I believe in love.
              B♭                          F
                 And it' coming around a - gain, ooh... Fade out
```

Careless Whisper

Words & Music by George Michael & Andrew Ridgeley

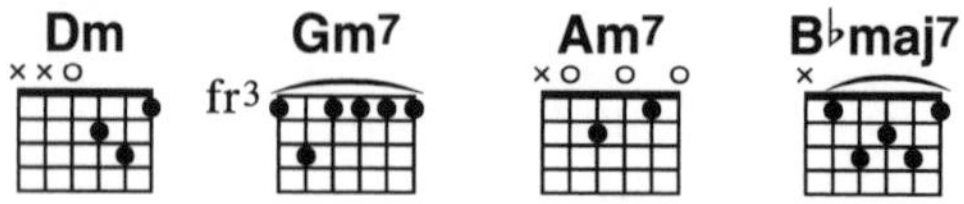

Intro ‖: Dm | Gm7 Am7 | B♭maj7 | Am7 :‖

Verse 1

Dm Gm7
I feel so un - sure
Am7 B♭maj7 Am7
As I take your hand and lead you to the dance floor
Dm Gm7
As the music dies, something in your eyes
Am7 B♭maj7
Calls to mind a silver screen
Am7
And all it's sad goodbyes

Chorus 1

Dm
I'm never gonna dance again
Gm7 Am7
Guilty feet have got no rhythm
B♭maj7
Though it's easy to pretend
Am7
I know you're not a fool
Dm
Should've known better than to cheat a friend
Gm7 Am7
And waste the chance that I'd been given
B♭maj7
So I'm never gonna dance again
Am7
The way I danced with you

Link 1 | Dm | Gm7 Am7 | B♭maj7 | Am ||

Verse 2

```
Dm                        Gm7
Time can never mend
Am7    B♭maj7                Am7
   The careless whispers, of a good friend
Dm                                Gm7
   To the heart and mind,    ignorance is kind
Am7  B♭maj7
       There's no comfort in the truth
Am7
Pain is all you'll find
```

Chorus 2 As Chorus 1

Link 2 |: Dm | Gm7 Am7 | B♭maj7 | Am7 :|

Verse 3

```
      Dm
To - night the music seems so loud
  Gm7                                 Am7
I wish that we could lose this crowd
B♭maj7
Maybe it's better this way
        Am7
We'd hurt each other with the things we'd want to say
     Dm
We could have been so good together
     Gm7
We could have lived this dance forever
Am7    B♭maj7                                  Am7
   But now who's gonna dance with me
```

Chorus 3 As Chorus 1

Link 3 | **Dm** | **Gm7 Am7** | **B♭maj7** | **Am** ||

Outro

```
Dm                 Gm7
   Now that you're gone
     Am7         B♭maj7  Am7
Now that you're gone
Dm                 Gm7
   Now that you're gone
                           Am7   B♭maj7
Was what I did so wrong,   so wrong
                 Am7
That you had to leave me alone
```

|: **Dm** | **Gm7 Am7** | **B♭maj7** | **Am7** :| *Repeat to fade*

Coming Up

Words & Music by Paul McCartney

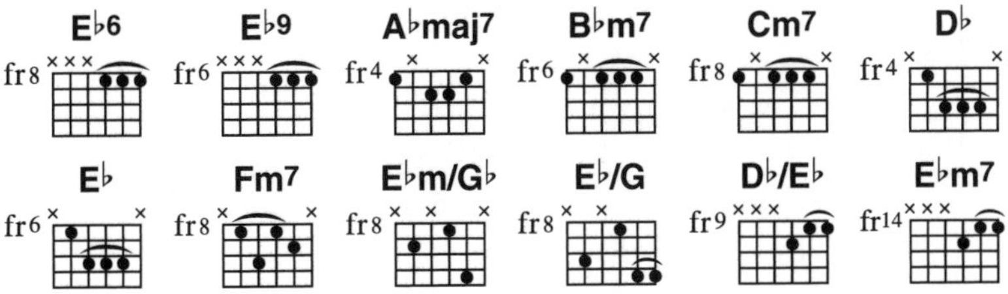

Intro ‖: E♭6 | E♭6 E♭9 | E♭6 | E♭6 E♭9 :‖

Verse 1

E♭6 E♭9
You want a love to last forever
E♭6 E♭9
One that will never fade away
E♭6 E♭9
I want to help you with your problem
E♭6 E♭9
Stick around, I say.

Chorus 1

A♭maj7 B♭m7 | Cm7 D♭ |
Coming up
E♭ Fm7 | Cm7 D♭ |
Coming up, yeah
A♭maj7 B♭m7 | Cm7 D♭ |
Coming up like a flower
E♭ Fm7 | E♭m/G♭ E♭/G ‖
Coming up, I say.
| E♭6 | E♭6 E♭9 ‖

Verse 2

E♭6 E♭9
You want a friend you can rely on
E♭6 E♭9
One who will never fade away
E♭6 E♭9
And if you're searching for an answer
E♭6 D♭/E♭
Stick around, I say.

Chorus 2

```
                 A♭maj7  B♭m7 | Cm7  D♭ |
It's coming up
                 E♭  Fm7      | E♭m  E♭/G |
It's coming up,     yeah
                 A♭maj7  B♭m7 | Cm7  D♭ |
It's coming up         like a   flower
              E♭  Fm7      | E♭m/G♭  E♭/G ||
Coming up,      yeah.
| E♭6     | E♭6  E♭9 ||
```

Link 1

```
| A♭     | A♭        | A♭     | A♭        |
| E♭6    | E♭6  E♭9  | E♭6    | E♭6  E♭9 ||
```

Verse 3

```
   E♭6                                  E♭9
You want some peace and understand - ing
  E♭6                  E♭9
So everybody can be free
 E♭6                          E♭9
I know that we can get together
      E♭6
We can make it, stick with me.
```

Chorus 3

```
                 A♭maj7  B♭m7 | Cm7  D♭ |
It's coming up
                 E♭  Fm7      | E♭m  E♭/G |
It's coming up,     yeah
                 A♭maj7  B♭m7 | Cm7  D♭ |
It's coming up         like a   flower
              E♭  Fm7            | E♭m/G♭  E♭/G ||
Coming up,      for you and   me.
||: E♭6   | E♭6  E♭9 :||
```

Link 2

```
| A♭     | A♭        | E♭6    | E♭6  E♭9 |
| E♭6    | E♭6  E♭9  | E♭6    | E♭6  E♭9 |
                                 Coming
| E♭6    | E♭6  E♭9  | E♭6    | E♭6  E♭9 | E♭9   ||
  up.         Coming    up.
```

```
                     A♭maj7  B♭m7  | Cm7  D♭  |
Chorus 4   It's coming up
                     E♭  Fm7   | E♭m/G♭  E♭/G |
           It's coming up,   I  say
                     A♭maj7  B♭m7   | Cm7  D♭ |
           It's coming up      like a  flower
                  E♭  Fm7     | E♭m/G♭  E♭/G        |
           Coming up,                I feel it in my
           | E♭6     | E♭6   E♭9  | E♭6     | E♭6  E♭9 | E♭6     ||
           Bones.     Yeah  yeah   yeah.

               E♭6                          E♭9
Verse 4    You want a better kind of future
           E♭6                          E♭9
           One that everyone can share
           E♭6                                E♭9
           You're not alone, we all could use it
           E♭6                            E♭9
           Stick around we're nearly there.

                     A♭maj7  B♭m7  | Cm7  D♭ |
Chorus 5   It's coming up               ooh
                     E♭  Fm7      | E♭m/G♭  E♭/G |
           It's coming up,    ev'ry - where
                     A♭maj7  B♭m7   | Cm7  D♭ |
           It's coming up      like a  flower
                  E♭   Fm7      | E♭m/G♭  E♭/G |
           Coming up,  for all to  share.
                     A♭maj7  B♭m7 | Cm7  D♭ |
           It's coming up          yeah
                     E♭  Fm7      | E♭m/G♭  E♭/G |
           It's coming up,    any  -  way
                     A♭maj7  B♭m7  | Cm7   D♭        |
           It's coming up     like a  flower coming
            𝄐
            E♭   ||
            Up.
```

Crash

Words & Music by Paul Court, Stephen Dullaghan & Tracy Spencer

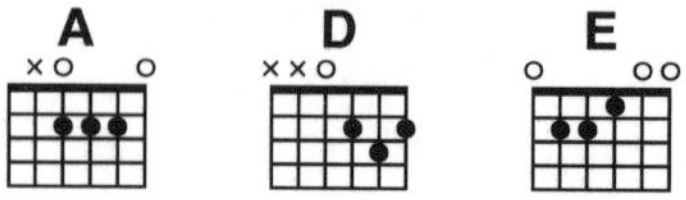

Capo second fret

```
Intro       |: A      | D      | E      | D      :|

                       A             D
Verse 1     Here you go, way too fast,
            E                               D
            Don't slow down you're gonna crash,
                          A                D
            You should watch, watch your step,
            E                                      A
            If you don't look out, you're gonna break your neck.
               A            D
            So shut, shut your mouth
                    E                 D
            'Cause I'm not listening anyhow.
                          A                D
            I've had e - nough, enough of you
                E          D
            E - nough to last a lifetime through.
               E
            So what do you want of me?
            A             D
            Got no words of sympathy,
                  E
            And if I go around with you,
                A                  D                  E  | E
            You know that I've been messed up too, with you.

            A                 D                E      D
Interlude   Na, na, na, na, na, na, na, na, na, na, na,
            A                 D                E      D
            Na, na, na, na, na, na, na, na, na, na, na.
```

Verse 2

```
N.C.        A            D
Here you go, way too fast,
E                                    D
Don't slow down you're gonna crash,
               A                    D
You don't know what's been going down,
E                            D
You've been running all over town.
  A                 D
So shut, shut your mouth
        E                   D
'Cause I'm not listening anyhow.
          A                  D
I've had enough, enough of you
  E              D
E - nough to last a lifetime through.
  E
So what do you want of me?
A              D
Got no cure for misery,
     E                     D
And if I go around with you,
   A                          D                   E  | E
You know that I've been messed up too, with you,
     E
With you, with you.
```

Outro

```
   A               D                       E
|: Na, na, na, na, na, na, na, na, na, na, na,
                                   D
(Slow down you're gonna crash)
A              D                      E
Na, na, na, na, na, na, na, na, na, na, na.
                                   D
(Slow down you're gonna crash,) :|   Repeat to fade
```

Dance Hall Days

Words & Music by Jack Hues & Nicholas Feldman

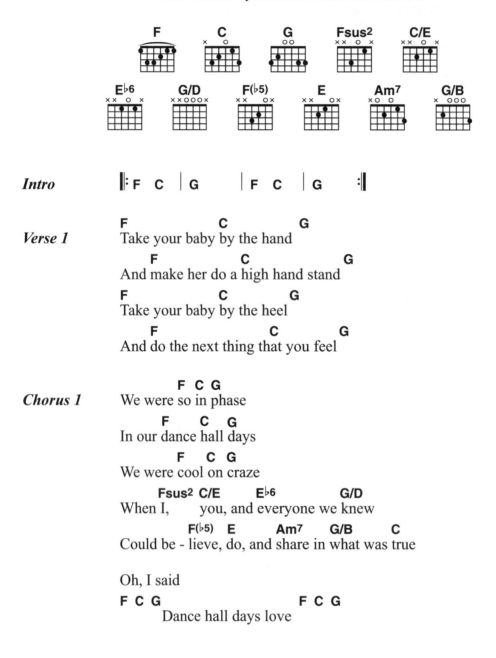

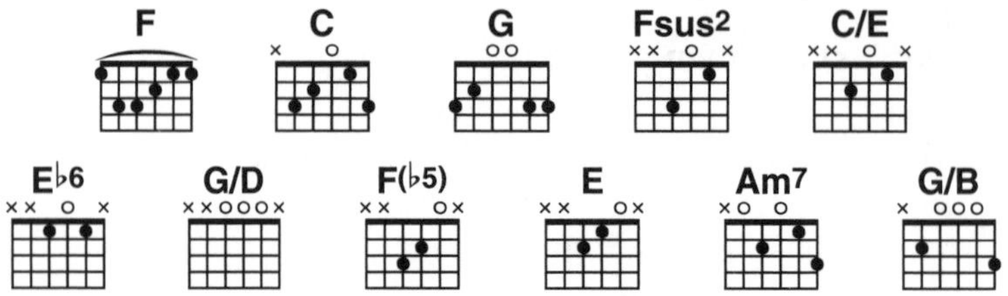

Intro ‖: F C | G | F C | G :‖

Verse 1

```
F                C           G
Take your baby by the hand
     F               C                G
And make her do a high hand stand
F                C            G
Take your baby by the heel
     F                    C             G
And do the next thing that you feel
```

Chorus 1

```
          F  C G
We were so in phase
       F     C   G
In our dance hall days
          F   C  G
We were cool on craze
      Fsus2 C/E       E♭6          G/D
When I,        you, and everyone we knew
              F(♭5) E        Am7    G/B      C
Could be - lieve, do, and share in what was true

Oh, I said
F C G                           F C G
       Dance hall days love
```

Verse 2

```
F                 C          G
Take your baby by the hair
     F                    C              G
And pull her close and there there there
F                 C          G
Take your baby by the ears
     F             C           G
And play upon her darkest fears
```

Chorus 2

```
          F  C  G
We were so in phase
       F    C   G
In our dance hall days
          F    C  G
We were cool on craze
      Fsus2 C/E       E♭6           G/D
When I,       you, and everyone we knew
           F(♭5) E        Am7     G/B       C
Could be - lieve, do, and share in what was true

Oh, I said
F  C  G
       Dance hall days love
F  C  G
       Dance hall days
F  C  G                        F  C  G
       Dance hall days love
```

Verse 3

```
F                 C          G
Take your baby by the wrist
     F                C          G
And in her mouth an amethyst
     F                    C            G
And in her eyes two sap - phires blue
     F                   C             G
And you need her and she needs you
     F                   C             G
And you need her and she needs you

And you need her and she needs you
     F                   C             G
And you need her and she needs you
     F              C  G
And you need her       and she needs you
```

Chorus 3   𝄆 As Chorus 2 𝄇 *Repeat to fade*

Don't Stand So Close To Me

Words & Music by Sting

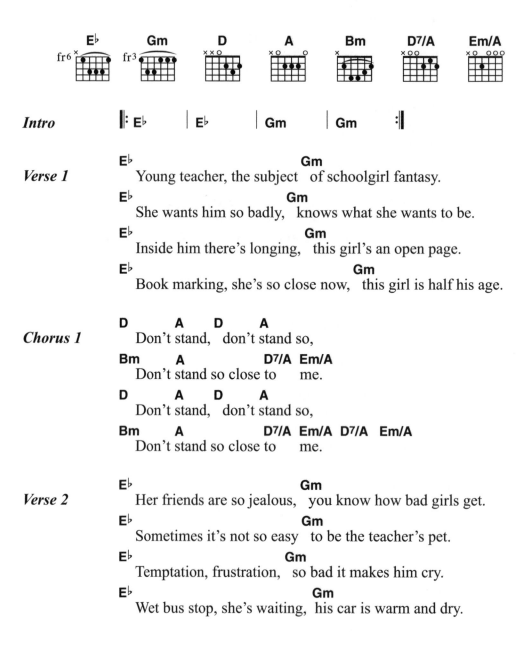

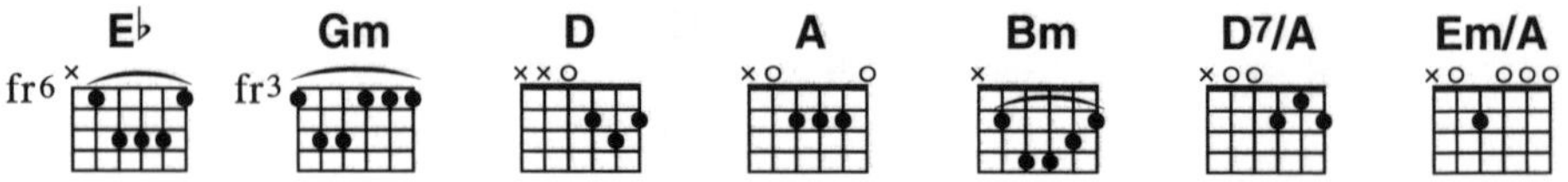

Intro ||: E♭ | E♭ | Gm | Gm :||

Verse 1

E♭   Gm
Young teacher, the subject of schoolgirl fantasy.
E♭   Gm
She wants him so badly, knows what she wants to be.
E♭   Gm
Inside him there's longing, this girl's an open page.
E♭   Gm
Book marking, she's so close now, this girl is half his age.

Chorus 1

D   A   D   A
Don't stand, don't stand so,
Bm   A   D7/A Em/A
Don't stand so close to   me.
D   A   D   A
Don't stand, don't stand so,
Bm   A   D7/A Em/A D7/A Em/A
Don't stand so close to   me.

Verse 2

E♭   Gm
Her friends are so jealous, you know how bad girls get.
E♭   Gm
Sometimes it's not so easy to be the teacher's pet.
E♭   Gm
Temptation, frustration, so bad it makes him cry.
E♭   Gm
Wet bus stop, she's waiting, his car is warm and dry.

```
              D       A     D     A
Chorus 2        Don't stand,  don't stand so,
              Bm       A                D7/A  Em/A
                Don't stand so close to      me.
              D       A     D     A
                Don't stand,  don't stand so,
              Bm       A                D7/A  Em/A  D7/A  Em/A
                Don't stand so close to      me.

              E♭                              Gm
Verse 3         Loose talk in the classroom,  to hurt they try and try.
              E♭                                 Gm
                Strong words in the staff-room,  the accusations fly.
              E♭                         Gm
                It's no use, he sees her,  he starts to shake and cough
              E♭                          Gm
                Just like the old man in  that book by Nabakov.

              D       A     D     A
Chorus 3        Don't stand,  don't stand so,
              Bm       A                D7/A  Em/A
                Don't stand so close to      me.
              D       A     D     A
                Don't stand,  don't stand so,
              Bm       A                D7/A  Em/A
                Don't stand so close to      me.

              | D7/A  Em/A | D7/A  Em/A | D7/A  Em/A ||

Instrumental  |: E♭      | E♭      | Gm      | Gm      :|  Play 4 times

                D          A           D          A
Outro         |:   Don't  stand,         don't     stand so,
                (Please ___ don't ___  stand ____  so ____
              Bm           A                D7/A  Em/A
                   Don't stand so close to      me.
              Close ____  to       me.)              :|  Repeat to fade
```

Down Under

Words & Music by Colin Hay & Ron Strykert

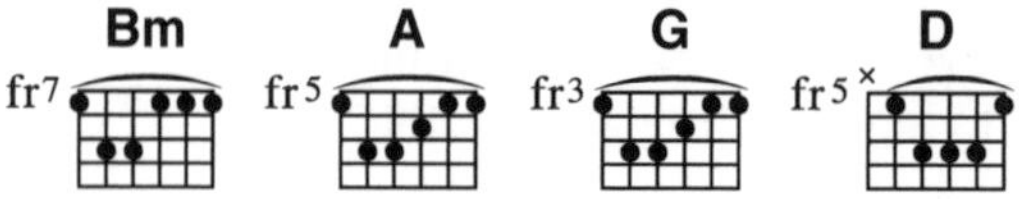

Intro | drums |: Bm A | Bm G A | Bm A | Bm G A :|

Verse 1

Bm A Bm G A
Travelling in a fried out combie
Bm A Bm G A
On a hippie trail head full of zombie.
Bm A Bm G A
I met a strange lady, she made me nervous
Bm A Bm G A
She took me in and gave me breakfast and she said

Chorus 1

D A Bm G A
Do you come from a land down under?
D A Bm G A
Where women glow and men plun - der?
D A Bm G A
Can't you hear, can't you hear the thunder?
D A Bm G A
You better run, you better take co - ver.

Link 1 | Bm A | Bm G A | Bm A | Bm G A ||

Verse 2

Bm A Bm G A
Buying bread from a man in Brussels,
Bm A Bm G A
He was six foot four and full of muscles.
Bm A Bm G A
I said do you speak-a my language?
Bm A Bm
He just smiled and gave me a Vegemite sandwich.
G A
And he said:

Chorus 2

```
D                A                   Bm G A
  I come from a land down under,
D                   A                   Bm G A
  Where beer does flow and men chun - der.
D                          A                 Bm G A
  Can't you hear, can't you hear the thunder?
   D               A               Bm G A
You better run, you better take co - ver.
```

Instr.

```
|: Bm   A  | Bm G A | Bm   A  | Bm   A  :|

|  Bm   A  | Bm G A | Bm   A  | Bm G A  ||
```

Verse 2

```
Bm             A               Bm G A
  Lying in a den in Bombay,
Bm                 A               Bm    G A
  With a slack jaw    and not much to say.
Bm              A                      Bm         G A
  I said to the man "Are you trying to tempt me?
Bm              A                    Bm
  Because I come from the land of plenty."
G       A
  And he said "Oh!"
```

Chorus 3

```
D                          A                  Bm   G    A
  Do you come from a land down under?     oh yeah yeah
D                   A                   Bm G A
  Where women glow and men plun - der?
D                          A                 Bm G A
  Can't you hear, can't you hear the thunder?
   D               A               Bm G A
You better run, you better take co - ver.
```

Chorus 4

```
   D             A                Bm G A
|:  Living in a land down under
D                   A                   Bm G A
  Where women glow and men plun - der?
D                          A                 Bm G A
  Can't you hear, can't you hear the thunder?
   D               A               Bm G A
You better run, you better take co - ver.     :|  Repeat to fade
```

Drive

Words & Music by Ric Ocasek

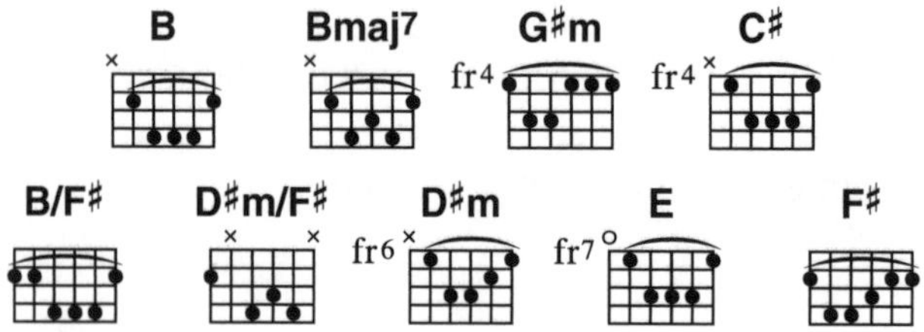

Intro |: B | Bmaj7 | B | B :|

Verse 1

B Bmaj7 B
Who's gonna tell you when it's too late?
Bmaj7 B
Who's gonna tell you things aren't so great?

Chorus 1

G♯m C♯ G♯m C♯
You can't go on thinking nothing's wrong,
B/F♯ D♯m/F♯ B
Who's gonna drive you home to - night?

Verse 2

B Bmaj7 B
Who's gonna pick you up when you fall?
Bmaj7 B
Who's gonna hang it up when you call?
Bmaj7 B
Who's gonna pay at - tention to your dreams?
Bmaj7 B
Who's gonna plug their ears when you scream?

Chorus 2

```
G#m              C#          G#m               C#
   You can't go on thinking     nothing's wrong,
B/F#                          D#m/F#
   Who's gonna drive you home to - (night?)
```

Instrumental

```
| B        | G#m      | B/F#     | G#m      |
- night?

| D#m      | E        | B/F#     | F#       ||
```

Verse 3

```
B                                Bmaj7      B
   Who's gonna hold you down when you shake?
                              Bmaj7      B
Who's gonna come a - round when you break?
```

Chorus 3

```
G#m              C#          G#m               C#
   You can't go on thinking     nothing's wrong,
B/F#                          D#m/F#   B
   Who's gonna drive you home to - night?
G#m                          C#             G#m                C#
Oh, you know you can't go on thinking        nothing's wrong
B/F#                          D#m/F#   B
   Who's gonna drive you home to - night?
```

Dude (Looks Like A Lady)

Words & Music by Desmond Child, Joe Perry & Steve Tyler

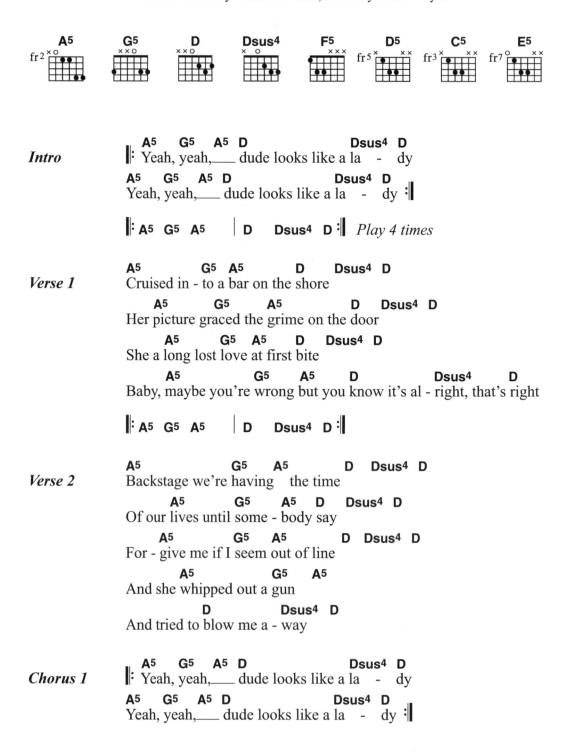

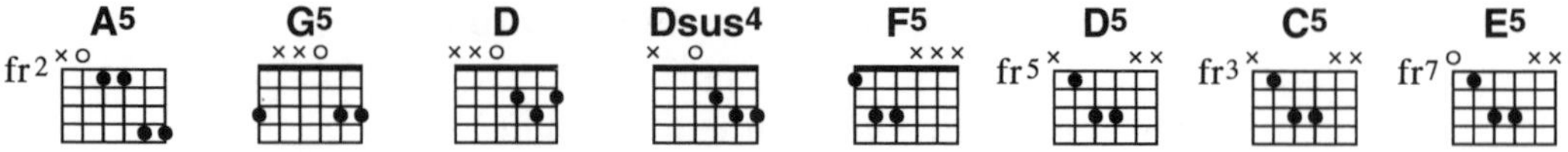

Intro

A5 G5 A5 D Dsus4 D
𝄆 Yeah, yeah,___ dude looks like a la - dy

A5 G5 A5 D Dsus4 D
Yeah, yeah,___ dude looks like a la - dy 𝄇

𝄆 A5 G5 A5 | D Dsus4 D 𝄇 *Play 4 times*

Verse 1

A5 G5 A5 D Dsus4 D
Cruised in - to a bar on the shore

A5 G5 A5 D Dsus4 D
Her picture graced the grime on the door

A5 G5 A5 D Dsus4 D
She a long lost love at first bite

A5 G5 A5 D Dsus4 D
Baby, maybe you're wrong but you know it's al - right, that's right

𝄆 A5 G5 A5 | D Dsus4 D 𝄇

Verse 2

A5 G5 A5 D Dsus4 D
Backstage we're having the time

A5 G5 A5 D Dsus4 D
Of our lives until some - body say

A5 G5 A5 D Dsus4 D
For - give me if I seem out of line

A5 G5 A5
And she whipped out a gun

D Dsus4 D
And tried to blow me a - way

Chorus 1

A5 G5 A5 D Dsus4 D
𝄆 Yeah, yeah,___ dude looks like a la - dy

A5 G5 A5 D Dsus4 D
Yeah, yeah,___ dude looks like a la - dy 𝄇

Verse 3

```
   A5                G5    A5           D    Dsus4  D
So never judge a book by its co - ver
   A5                  G5   A5            D    Dsus4  D
Or who you gonna love by your lo - ver
     A5              G5   A5     D              Dsus4  D
Say, love put me wise to her love in dis - guise
                A5          G5    A5
She had the body of a Ve - nus
           D              Dsus4    D
Lord, i - magine my surprise
```

Chorus 2

‖: As Chorus 1 :‖

Bridge

```
A5              G5       A5  F5
Baby let me follow you down

Let me take peek dear
A5              G5       A5  F5
Baby let me follow you down

Do me, do me, do me all night
A5              G5       A5  F5
Baby let me follow you down

Turn the other cheek dear
D5              C5       D5  E5
Baby let me follow you down
                  G5
Do me, do me, do me, do me
```

Instr

```
‖: A5   G5   A5    | D     Dsus4  D :‖ Play 8 times

| E5   D5   E5    ‖
                                E5   D5  E5
Ooh, what a funky lady
                                      D5  E5
She like it like it like it like that
                          D5  E5
Ooh, he was a lady
G5
Yow!
```

Chorus 3

‖: As Chorus 1 :‖ *Repeat ad lib. to fade*

Duel

Words & Music by Michael Martens, Claudia Bruecken & Ralf Doerper

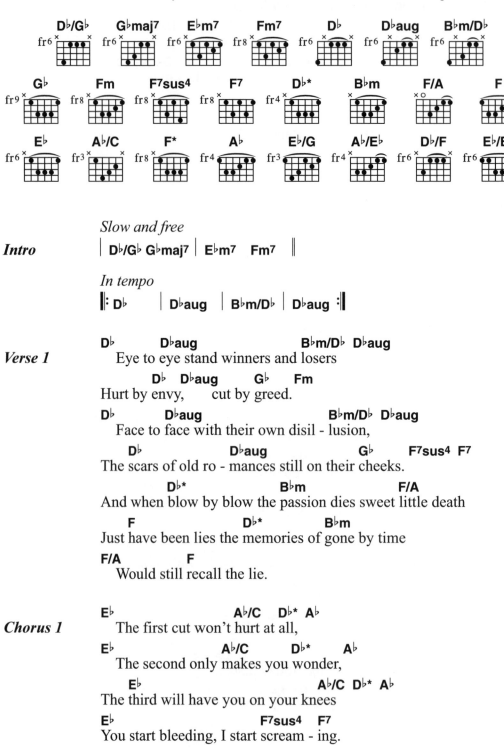

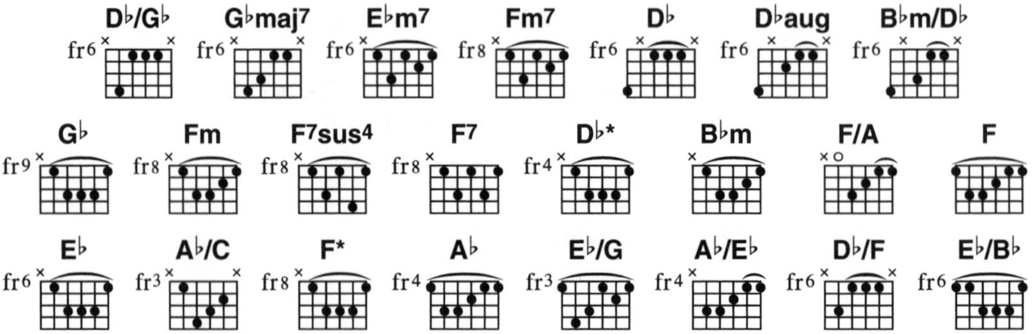

Slow and free

Intro | D♭/G♭ G♭maj7 | E♭m7 Fm7 ||

In tempo

||: D♭ | D♭aug | B♭m/D♭ | D♭aug :||

Verse 1

D♭ D♭aug B♭m/D♭ D♭aug
Eye to eye stand winners and losers
D♭ D♭aug G♭ Fm
Hurt by envy, cut by greed.
D♭ D♭aug B♭m/D♭ D♭aug
Face to face with their own disil - lusion,
D♭ D♭aug G♭ F7sus4 F7
The scars of old ro - mances still on their cheeks.
D♭* B♭m F/A
And when blow by blow the passion dies sweet little death
F D♭* B♭m
Just have been lies the memories of gone by time
F/A F
Would still recall the lie.

Chorus 1

E♭ A♭/C D♭* A♭
The first cut won't hurt at all,
E♭ A♭/C D♭* A♭
The second only makes you wonder,
E♭ A♭/C D♭* A♭
The third will have you on your knees
E♭ F7sus4 F7
You start bleeding, I start scream - ing.

Link | D♭ | D♭aug | B♭m/D♭ | D♭aug ||

Verse 2

```
D♭            D♭aug                    B♭m/D♭          D♭aug
   It's too late the decision is made by fate,
D♭             D♭aug                              G♭   Fm
   Time to prove what forever should last
          D♭                  D♭aug  B♭m/D♭           D♭aug
Whose feelings are so true       as to stand the test?
D♭                                D♭aug        G♭              F7sus4  F7
   Whose demands are so strong as to parry all at - tempts?
               D♭*                 B♭m                    F/A
And when blow by blow the passion dies sweet little death
      F                    D♭*              B♭m
Just have been lies the memories of gone by time
F/A              F
   Would still recall the lie.
```

Chorus 2 As Chorus 1

Bass only

Instrumental

|: E♭ F* | A♭ | E♭ F* | A♭ :|

|: E♭ F* | A♭ | E♭ F* | A♭ :|

|: D♭ | D♭aug | B♭m/D♭ | D♭aug :|

Chorus 3 As Chorus 1

Chorus 4

```
E♭/G                       A♭           D♭*  A♭/E♭
   The first cut won't hurt at all,
E♭                      A♭/E♭        D♭/F       A♭
   The second only makes you wonder,
E♭/B♭                                    A♭/C  D♭*  A♭/E♭
   The third will have you on your knees
E♭                                F7sus4    F7
   You start bleeding, I start scream - ing.
```

Chorus 5 As Chorus 4 *Fade out*

Easy Lover

Words by Phil Collins
Music by Phil Collins, Philip Bailey & Nathan East

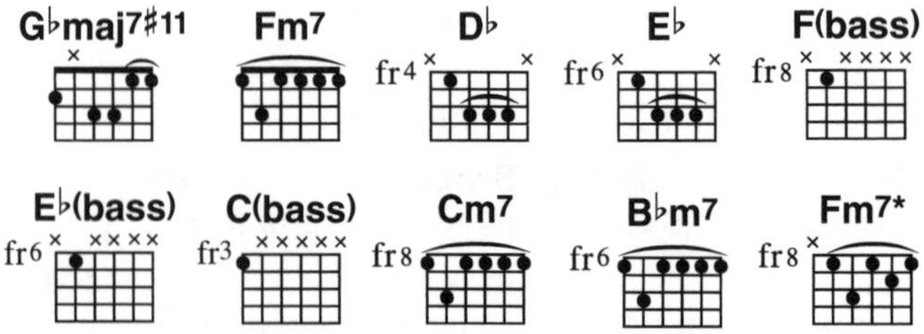

Riff: F(bass) E♭(bass) C(bass) F(bass)

Intro

G♭maj7♯11	G♭maj7♯11	Fm7	Fm7
G♭maj7♯11	G♭maj7♯11	Fm7	D♭ E♭
Riff	B♭m7 Cm7	Riff	D♭ E♭
Riff	B♭m7 Cm7	Riff	D♭ E♭	
(Easy)

Chorus 1

```
        Riff
Easy lover,
              B♭m7    Cm7      Riff       D♭
She'll get a hold on you be - lieve it
E♭           Riff
  Like no other
              B♭m7                 Cm7     Riff      D♭
Before you know it you'll be on your knees.
           E♭    Riff
She's an easy lover,
                    B♭m7     Cm7         Riff       D♭
She'll take your heart but you won't feel it.
     E♭          Riff
She's like no other,
               B♭m7      Cm7      Riff
And I'm just trying to make you see.
```

Verse 1

D♭
She's the kind of girl you dream of,

Dream of keeping hold of.

E♭ Riff
You'd better for - get it,

You'll never get it.

D♭
She will play around and leave you,

Leave you and deceive you.

E♭ Riff
Better for - get it,

Oh you'll regret it.

Pre-chorus 1

Cm7 B♭m7 Cm7 Fm7*
No you'll never change her, so leave her, leave her.

Cm7 B♭m7 Cm7 Fm7*
Get out quick 'cause seeing is be - lieving,

B♭m7 Cm7
It's the only way

Fm7* G♭maj7#11
You'll ever know,—

Chorus 2

D♭ E♭ Riff
She's an easy lover,

B♭m7 Cm7 Riff D♭
She'll get a hold on you be - lieve it.

E♭ Riff
Like no other,

B♭m7 Cm7 Riff
Before you know it you'll be on your knees.

D♭ E♭ Riff
She's an easy lover,

B♭m7 Cm7 Riff D♭
She'll take your heart but you won't feel it.

E♭ Riff
She's like no other,

B♭m7 Cm7 Fm7*
And I'm just trying to make you see.

```
                  D♭
Verse 2         You're the one that wants to hold her,

                Hold her and control her.
                           E♭     Riff
                You'd better for - get it,.

                You'll never get it.
                         D♭
                For she'll say there's no other,

                Till she finds another.
                     E♭   Riff
                Better for - get it,

                Oh you'll regret it.

                Cm7    B♭m7                        Cm7       Fm7*
Pre-chorus 2      And don't try to change her, just leave her, leave her,
                Cm7 B♭m7                         Fm7*
                      You're not the only one, oh seeing is believing.
                      B♭m7      Cm7
                It's the only way
                Fm7*               G♭maj7♯11
                You'll ever know, oh.______
                   Fm      G♭maj7♯11  Fm  D♭  E♭
                Ah.______


Guitar solo     ||: Riff   | B♭m7  Cm7 | Riff    | D♭   E♭  :||  Play 4 times
```

Pre-chorus 3

```
Cm7   B♭m7                         Cm7        Fm7*
   No, don't try to change her, just leave her, leave her.
Cm7   B♭m7                           Cm7          Fm7*
         You're not the only one, ooh seeing is be - lieving.
       B♭m7       Cm7
It's the only way
Fm7*        G♭maj7♯11
You'll ever know.___
```

Chorus 3

```
   D♭        E♭     Riff
‖: She's an easy lover,
              B♭m7    Cm7      Riff      D♭
She'll get a hold on you be - lieve it
      E♭       Riff
She's like no other,
              B♭m7              Cm7      Riff
Before you know it you'll be on your knees.
                           D♭
(You'll be down on your knees)
         E♭     Riff
She's an easy lover,
                    B♭m7     Cm7          Riff     D♭
She'll take your heart but you won't feel it.
      E♭        Riff
She's like no other,
                  B♭m7     Cm7         Riff
And I'm just trying to make you see :‖     Repeat to fade
```

Echo Beach

Words & Music by Mark Gane

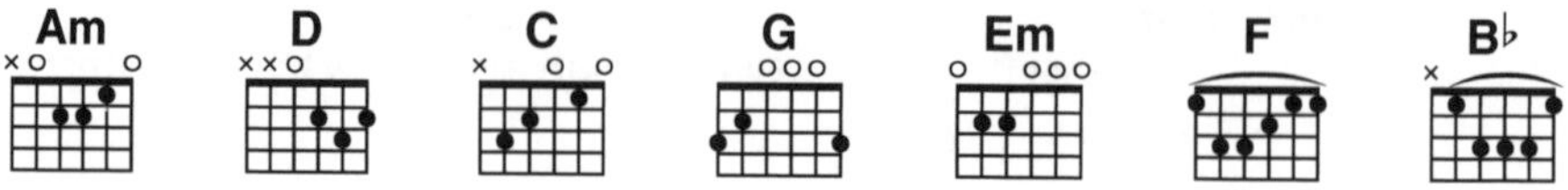

Intro

‖: Am | D C | Am | D C :‖ *Play 4 times*

‖: Am | G | Em | F G :‖

Verse 1

```
 Am                       D         C             Am   D Em
I know it's out of fashion,   and a trifle un - cool
    Am            D        C          Am   D Em
But I can't help it,   I'm a romantic fool.
      Am              D                C         Am   D Em
It's a habit of mine   to watch the sun go down.
    Am              D             C          Am   D Em
On Echo Beach,   I watch the sun go down.
```

Chorus 1

```
     G                                      D
From nine to five I have to spend my time at work.
   G                            D
My job is very boring I'm an office clerk.
    Am                                    Em
The   only thing that helps me pass the time away
  Am                               Em
Is knowing I'll be back in Echo Beach some day.
```

Link

| F | G | Am | G |

| Em | F/G | Am | G |

| Em | F/G | Am | Am |

| Am | D C | Am | D C ‖

```
             Am                        D               C          Am   D Em
Verse 2      On silent summer evenings,    the sky's a - live with light.
              Am                       D          C      Am   D Em
             A building in the distance,  surrea - listic sight.
               Am            D                    C     Am   D Em
             On Echo Beach,    waves make the only sound.
               Am            D              C        Am   D Em
             On Echo Beach,    there's not a soul a - round.

                  G                                  D
Chorus 2     From nine to five I have to spend my time at work.
                G                             D
             My job is very boring I'm an office clerk.
                 Am                               Em
             The only thing that helps me pass the time away
               Am                           Em
             Is knowing I'll be back in Echo Beach some day.

Instr.       |: F       | G       | B♭      | C       :|

             |: Am      | G       | Em      | F   G   :|

               Am           G
Outro        |:    Echo Beach far away in time
             Em             F       G
                Echo Beach far away in time :|  Repeat to fade
```

Everyday Is Like Sunday

Words & Music by Morrissey & Stephen Street

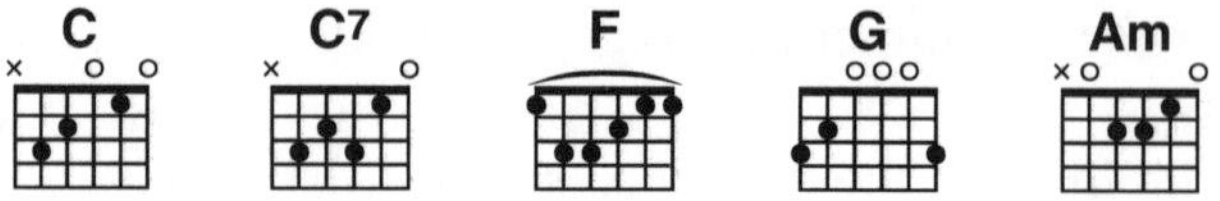


```
Intro      |: C        | C7       :| Play 4 times

           C                           F
Verse 1       Trudging slowly over wet sand
                         C                                       F
           Back to the bench where your clothes were sto - len,
                                         G
           This is the coastal town
                             C                          F
           That they for - got to close down,
                             Am
           Armageddon - come Armageddon!
                                       F
           Come, Armageddon! Come!

           C           G              F
Chorus 1      Every - day is like Sunday,
           C               G               F
           Everyday is silent and grey.

           C
Verse 2       Hide on the promenade,
                    F
           Etch a postcard,
                      C                                  F
           How I dearly wish I was not here
                                          G
           In the seaside town
           C                             F
             That they forgot to bomb,
                     Am                                 F
           Come, come, come - nuclear bomb.
```

```
               C          G            F
*Chorus 2*       Every - day is like Sunday,
               C             G             F
               Everyday is silent and grey.

                         Am                          C
*Bridge*       Trudging back over pebbles and sand,
                     Am                               G
               And a strange dust lands on your hands,
                              F
               And on your face,—
                          G
               On your face,—
                          F
               On your face,—
                          G
               On your face.—

               C          G            F
*Chorus 3*       Every - day is like Sunday,
               C              G    F
                 Win your - self a cheap tray,
               C             G                F
               Share some greased tea with me,
               C             G             F
               Everyday is silent and grey.
```

Outro ||: C | G | F | F :|| *Play 3 times to fade*

Golden Brown

Words & Music by Jean-Jacques Burnel, Jet Black, Hugh Cornwell & David Greenfield

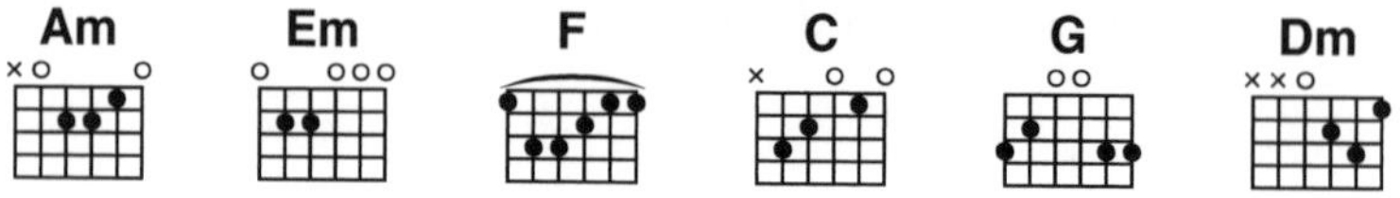

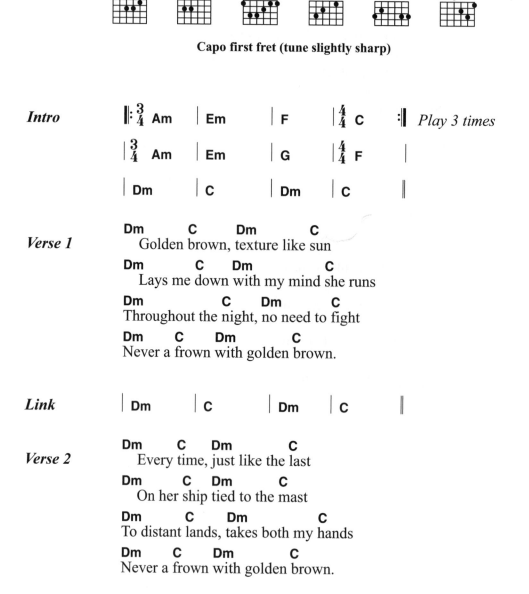

Capo first fret (tune slightly sharp)

Intro | |: 3/4 Am | Em | F | 4/4 C :| *Play 3 times*

| 3/4 Am | Em | G | 4/4 F |

| Dm | C | Dm | C ||

Verse 1

Dm C Dm C
Golden brown, texture like sun

Dm C Dm C
Lays me down with my mind she runs

Dm C Dm C
Throughout the night, no need to fight

Dm C Dm C
Never a frown with golden brown.

Link | Dm | C | Dm | C ||

Verse 2

Dm C Dm C
Every time, just like the last

Dm C Dm C
On her ship tied to the mast

Dm C Dm C
To distant lands, takes both my hands

Dm C Dm C
Never a frown with golden brown.

Instrumental |: 3/4 Am | Em | F | 4/4 C :| *Play 3 times*

| 3/4 Am | Em | G | 4/4 F |

| Dm | C | Dm | C ||

Verse 3

Dm C Dm C
Golden brown finer temp - tress
Dm C Dm C
Through the ages she's heading west,
Dm C Dm C
From far a - way, stays for a day
Dm C Dm C
Never a frown with golden brown.

Instrumental |: 3/4 Am | Em | F | 4/4 C :| *Play 3 times*

| 3/4 Am | Em | G | 4/4 F |

|: Dm | C | Dm | C :| *Play 5 times*

|: 3/4 Am | Em | F | 4/4 C :| *Play 3 times*

| 3/4 Am | Em | G | 4/4 F |

|: Dm | C | Dm | C :| *Play 5 times*

Outro |: Am | Em | F | G :|

| Am | Em | F | G |
Ne - ver a frown,
(never a

| Am | Em | F | G |
with gold - en brown...

|: Am | Em | F | G :| *Repeat with vocal ad libs. and fade out*

Don't Dream It's Over

Words & Music by Neil Finn

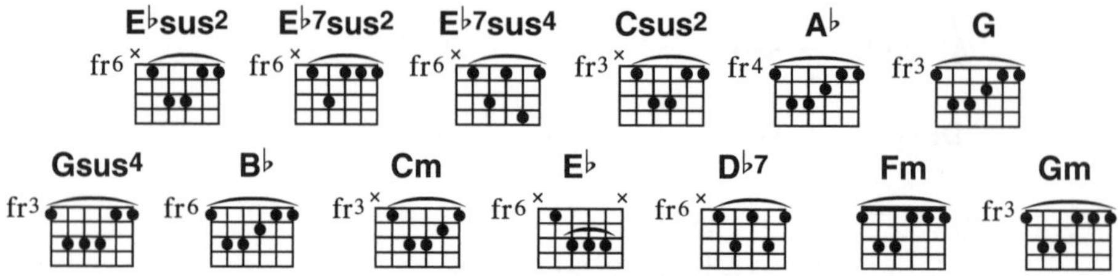

Tune guitar slightly flat

Intro ‖: E♭sus2 | E♭7sus2 E♭7sus4 :‖

Verse 1

```
E♭sus2                  Csus2
   There is freedom within,
                        A♭
There is freedom without,
                                   G      Gsus4
Try to catch the deluge in a paper cup.
E♭sus2               Csus2
   There's a battle ahead,
                   A♭
Many battles are lost,

But you'll never see the end of the road
              Gsus4          G
While you're travelling with me.
```

Chorus 1

```
A♭                B♭
   Hey now, hey now,
      E♭sus2   Cm
Don't dream it's over.
   A♭      B♭
Hey now, hey now,
          E♭sus2     Cm
When the world comes in.
    A♭         B♭
They come, they come
E♭sus2                 Cm
   To build a wall between us,
A♭                             B♭
   We know they won't win.
```

Verse 2

```
E♭sus2                    Csus2
  Now I'm towing my car,
                    A♭
There's a hole in the roof,

My possessions are causing me suspicion
    Gsus4          G
But there's no proof.
E♭sus2            Csus2                   A♭
In the paper today tales of war and of waste
                                   Gsus4  G
But you turn right over to the T.V. page.
```

Chorus 2

```
A♭               B♭
  Hey now, hey now,
      E♭sus2    Cm
Don't dream it's over.
    A♭       B♭
Hey now, hey now,
          E♭sus2      Cm
When the world comes in.
     A♭         B♭
They come, they come
E♭sus2               Cm
  To build a wall between us,
A♭
  We know they won't win.
```

Instrumental

```
||: E♭sus2 | Cm | A♭ | Gsus4 G :||

| A♭ E♭ | A♭ E♭ | A♭ E♭ | D♭7 | D♭7 ||
```

Verse 3

```
E♭sus2                   Csus2
  Now I'm walking again
                    A♭
To the beat of a drum

And I'm counting the steps
                      Gsus4  G
To the door of your heart.
E♭sus2              Csus2                    A♭
  Only shadows ahead barely clearing the roof,
                                      Gsus4        G
Get to know the feeling of liberation and release.
```

```
         Fm                  Gm
Chorus 3   Hey now, hey now,
               E♭sus2     Cm
         Don't dream it's over.
         A♭                  B♭
           Hey now, hey now,
                      E♭sus2         Cm
         When the world comes in.
               A♭           B♭
         They come, they come
         E♭sus2                 Cm
           To build a wall between us,
         A♭
           We know they won't win.
```

Outro ‖: A♭ B♭ | E♭sus2 Cm :‖ *Repeat to fade w/ad lib vocals*

Goody Two Shoes

Words & Music by Adam Ant & Marco Pirroni

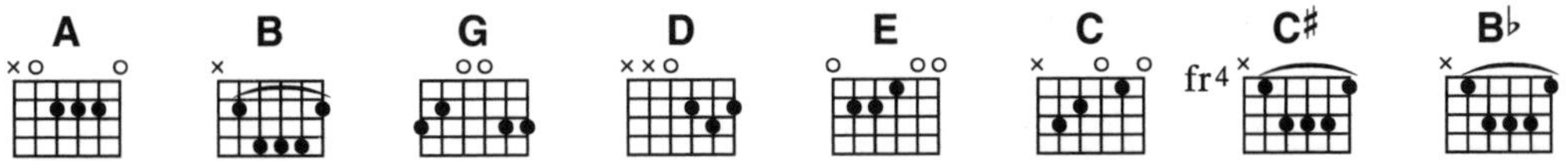

Intro

| Drums 4 || Guitar melody 6 ||

|: A | A | A | A |

| A | A | B | G :| A ||

Verse 1

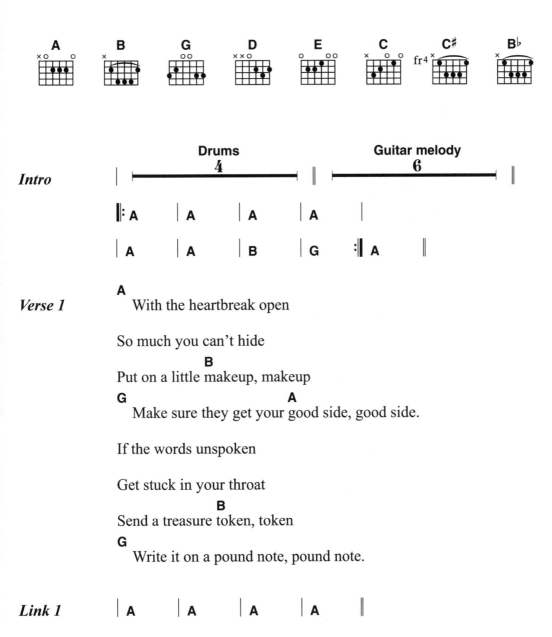

A
With the heartbreak open
So much you can't hide
B
Put on a little makeup, makeup
G A
Make sure they get your good side, good side.
If the words unspoken
Get stuck in your throat
B
Send a treasure token, token
G
Write it on a pound note, pound note.

Link 1

| A | A | A | A ||

Chorus 1	B Goody Two, Goody Two	

```
              B
Chorus 1      Goody Two, Goody Two
              G
              Goody, Goody Two Shoes,
              A
              Goody Two, Goody Two

              Goody, Goody Two Shoes,

              Don't drink don't smoke - what do you do?

              You don't drink don't smoke - what do you do?
              B          G
              Subtle innu - endos follow,
                   A
              There must be something inside.

                                A
Verse 2       We don't follow fashion

              That'd be a joke
                                    B
              You know we're going to set them, set them
              G               A
                So everyone can take note, take note

              When they saw you kneeling

              Crying words that you mean,
                          B
              Opening their eyeballs, eyeballs
              G                   A
                Pretending that you're Al Green, Al Green.

Link 2        | A     | A     | A     | A     ||
```

Chorus 2 As Chorus 1

Link 3 | D | D | D | D | E | C | D ‖

Verse 3
```
D
No one's gonna tell me

What's wrong or what's right,
                    E
Or tell me who to eat with, sleep with
C                      D
   Or that I've won the big fight, big fight.
```

Verse 4
```
B
   Look out or they'll tell you

You're a superstar
                            C#
Two weeks and you're an all time legend,
A                            B
   I think the games have gone much too far.
```

Verse 5
```
   If the words unspoken

Get stuck in your throat
                  D
Send a treasure token, token
Bb                C
   Write it on a pound note, pound note.
```

Chorus 3
```
𝄆 A
   Don't drink don't smoke - what do you do?

You don't drink don't smoke - what do you do?
B              G
Subtle innu - endos follow,
        A
There must be something inside. 𝄇  Repeat 4 times
```

Hammer To Fall

Words & Music by Brian May

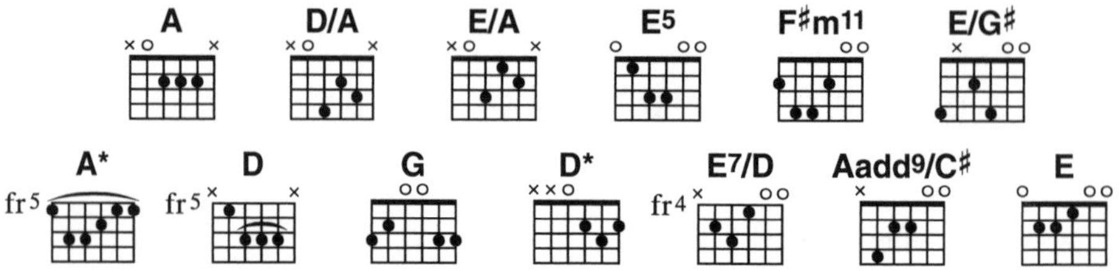

Intro 𝄆 A D/A | A D/A | A D/A | E/A A 𝄇

Verse 1

A   D/A   A   D/A   A
Here we stand, here we fall,
       D/A   E/A   A
His - tory don't care at all,
              D/A A   D/A   A
Make the bed,   light the light;
       D/A   E/A   A
Lady mercy won't be home to - night

Chorus 1

A   E/A   D/A   A
You don't waste no time at all,
                                        D/A   A
Don't hear the bell but you answer the call
A   E/A   D/A   A
Comes to you as to us all, yeah,
                                        D/A   A
We're just waiting for the hammer to fall.

Link 1 | A D/A | A D/A | A D/A | E/A A ‖

Verse 2

A   D/A   A   D/A   A
Every night, and every day,
          D/A   E/A   A
A lit - tle piece of you is falling away
A   D/A   A   D/A   A
Lift your face, the western way;
          D/A   E/A   A
Build your muscles as your body de - cays, yeah

```
           A        E/A      D/A     A
Chorus 2   Toe your line and play the game,
                               D/A     A
           Let the anaesthetic cover it all
           A       E/A       D/A      A
           'Til one day they call your name,
                                     D/A        A
           You know its time for the hammer to fall


Link 2     | A  D/A  | A  D/A  | A  D/A  | E/A  A  ||


           E5                  F#m11              E/G#
Bridge     Rich or poor or famous but your truth;
                    A*     D  A  G  D*
           It's all the same (oh no oh no)
               E5                   F#m11
           Oh, lock your door but rain is
                     E/G#                    A*     D  E5
           Pouring through the window pane (oh no)
           E7/D                Aadd9/C#       E
           Baby, now your struggles are in vain


Gtr solo   |: A  E/A  | D/A  A  | A        | D/A  A :|

           | D/A  A   | A       | D*       | D*      ||


           A        D/A      A       D/A   A
Verse 3    You who grew up tall and proud,
             D/A                  E/A        A
           In the shadow of the mushroom cloud
                A          D/A    A       D/A   A
           Con - vinced our voices can't be heard,
               D/A                        E/A        A
           We just want to scream it louder and louder and louder


           A        E/A     D/A      A
Chorus 3   What the hell we fighting for?
                                D/A         A
           Just surrender and it won't hurt at all
           A       E/A     D/A      A
           Just got time to say your prayers,
                                       D/A          A
           While you're waiting for the hammer to hammer to fall
```

Here Comes Your Man

Words & Music by Francis Black

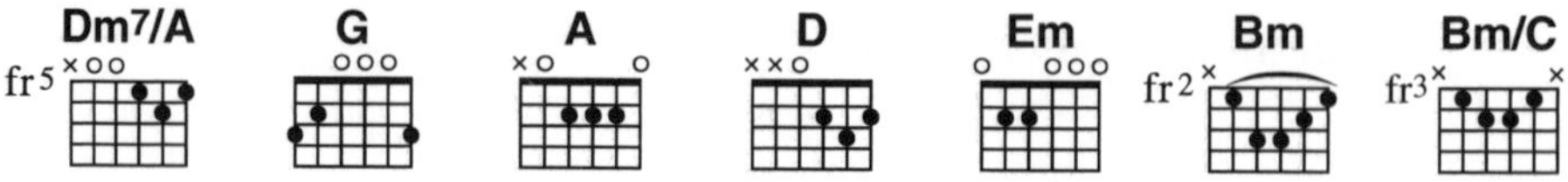

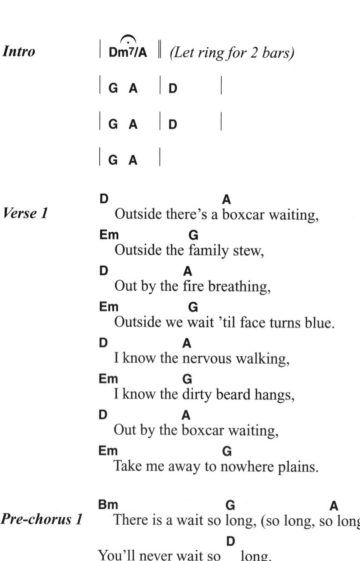

Intro | Dm7/A ‖ *(Let ring for 2 bars)*

| G A | D |

| G A | D |

| G A |

Verse 1

D A
Outside there's a boxcar waiting,
Em G
Outside the family stew,
D A
Out by the fire breathing,
Em G
Outside we wait 'til face turns blue.
D A
I know the nervous walking,
Em G
I know the dirty beard hangs,
D A
Out by the boxcar waiting,
Em G
Take me away to nowhere plains.

Pre-chorus 1

Bm G A
There is a wait so long, (so long, so long.)
D
You'll never wait so long.

Chorus 1

```
  G A                 D
𝄆 Here comes your man.  𝄇 Play 3 times
```

Link

```
| D     | A     | Em    | G     ||
```

Verse 2

```
D                  A
  Big shake on the boxcar moving,
Em                 G
  Big shake to the land that's falling down
D                  A
  Is a wind makes a palm stop blowing,
Em                           G
  A big, big stone fall and break my crown.
```

Pre-chorus 2

```
Bm                 G                 A
  There is a wait so long, (so long, so long.)
                  D
You'll never wait so   long.
```

Chorus 2

```
  G A                 D
𝄆 Here comes your man.  𝄇 Play 4 times
```

Instrumental

```
𝄆 D     | A     | Em    | G     𝄇 Play 4 times
```

Pre-chorus 3

```
Bm                 Bm/C              A
  There is a wait so long, (so long, so long.)
                  D       N.C.
You'll never wait so   long.
```

Chorus 3

```
  G A                 D
𝄆 Here comes your man.  𝄇 Play 13 times
```

Here Comes The Rain Again

Words & Music by A. Lennox & D.A. Stewart

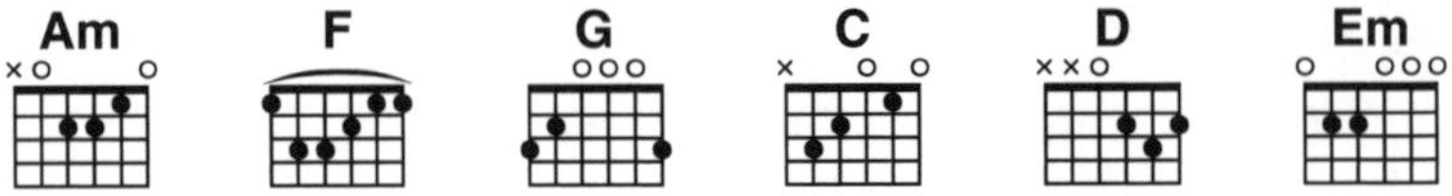

Intro ‖: Am | Am | F | F |
| G | G | Am | Am :‖

Verse 1

Am
Here comes the rain again
F
Falling on my head like a memory
G   Am
Falling on my head like a new emotion.

I want to walk in the open wind
F
I want to talk like lovers do
G
Want to dive into your ocean
Am
Is it raining with you?

Chorus 1

F
So baby talk to me
C
Like lovers do
F
Walk with me
C
Like lovers do
F
Talk to me
C
Like lovers do

Link 1 | D | D | G | G ||

Verse 2

```
Am
   Here comes the rain again
F
Raining in my head like a tragedy
G                                              Am
Tearing me apart like a new emotion.

I want to breathe in the open wind
F
   I want to kiss like lovers do
G
Want to dive into your ocean
      Am
Is it raining with you?
```

Chorus 2 As Chorus 1

Link 2 | D | D | G | G ||

Instr. | Em | F | Am | Am ||

| Em | F | G | G ||

Bridge

```
             F
So baby talk to me
      C
Like lovers do

| D       | D       | G       | G       ||

Am   F     G Am
     Ooh          Ooh yeah
Am       F              G    Am
   Here it comes again. Ooh yeah
```

Verse 3

```
    Am
||:  Here comes the rain again
F
Falling on my head like a memory
G                                        Am
Falling on my head like a new emotion.

Here it comes again

Here it comes again

I want to walk in the open wind
F
I want to talk like lovers do
G
Want to dive into your ocean
     Am
Is it raining with you? :||  Repeat to fade
```

How Soon Is Now?

Words & Music by Morrissey & Johnny Marr

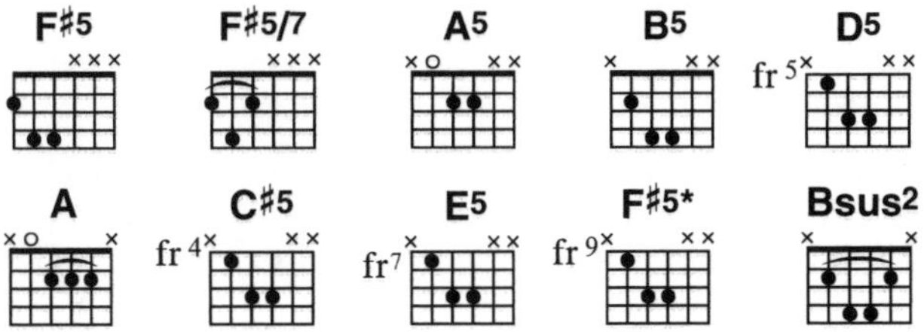


```
                    F♯riff
                 ┌──────────────┐
Intro            | F♯5      F♯5/7 | F♯5      F♯5/7 | F♯5      F♯5/7 | A5      B5 |

                 | F♯5      F♯5/7 | F♯5      F♯5/7 | F♯5      F♯5/7 | A5      B5 |


                         F♯riff
Verse 1          I am the son and the heir
                     A5          B5          F♯riff
                 Of a shyness that is criminally vulgar,

                 I am the son and heir
                                         A5      B5
                 Of nothing in particular.

                 B5   D5             A
Chorus 1                You shut your mouth,
                     Esus4
                 How can you say
                 C♯5    E5                 F♯5*
                      I go about things the wrong way?
                     Bsus2                 A     Esus4
                 I am human and I need to be loved,
                 C♯5    E5           F♯riff
                 Just like everybody else does.


Instr.           | F♯5      F♯5/7 | F♯5      F♯5/7 | F♯5      F♯5/7 | A5      B5 |

                 | F♯5      F♯5/7 | F♯5      F♯5/7 | F♯5      F♯5/7 | A5      B5 |
```

Verse 2 As Verse 1

Chorus 2 As Chorus 1

Instr.

```
|: F#5      F#5/7 | F#5      F#5/7 | F#5      F#5/7 | A5      B5   |
|  F#5      F#5/7 | F#5      F#5/7 | F#5      F#5/7 | A5      B5  :|
```

Bridge

```
B5             D5                    A
    There's a club, if you'd like to go,
     Esus4      C#5       E5         F#5
You could meet somebody who really loves you,
        Bsus2
So you go, and you stand on your own,
A                           Esus4
    And you leave on your own,
          C#5                E5                   F#riff
And you go home, and you cry and you want to die.
```

Instr.

```
|: F#5      F#5/7 | F#5      F#5/7 | F#5      F#5/7 | A5      B5   |
|  F#5      F#5/7 | F#5      F#5/7 | F#5      F#5/7 | A5      B5  :|
```

Chorus 3

```
B5                             D5      A   Esus4
     When you say it's gonna happen now,
C#5               E5                  F#5*
    Well, when exactly do you mean?
          Bsus2                A   Esus4
See, I've already waited too long,
C#5      E5            F#riff
    And all my hope is gone.
```

Instr.

|: F♯5 F♯5/7 | F♯5 F♯5/7 | F♯5 F♯5/7 | A5 B5 |

| F♯5 F♯5/7 | F♯5 F♯5/7 | F♯5 F♯5/7 | A5 B5 :|

| B5 D5 | A Esus4 | C♯5 E5 | F♯5* |

| B5 D5 | A Esus4 | C♯5 E5 | F♯5 F♯5/7 |

|: F♯5 F♯5/7 | F♯5 F♯5/7 | F♯5 F♯5/7 | A5 B5 |

| F♯5 F♯5/7 | F♯5 F♯5/7 | F♯5 F♯5/7 | A5 B5 :|

Chorus 4 As Chorus 1

Coda

|: F♯5 F♯5/7 | F♯5 F♯5/7 | F♯5 F♯5/7 | A5 B5 |

| F♯5 F♯5/7 | F♯5 F♯5/7 | F♯5 F♯5/7 | A5 B5 :|

Fade

I Got You

Words & Music by Neil Finn

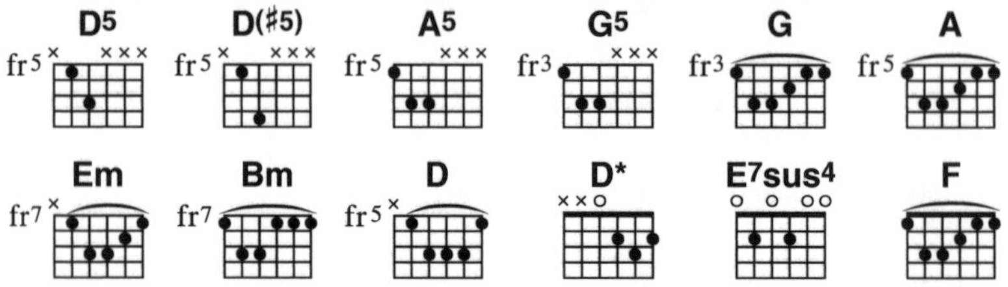

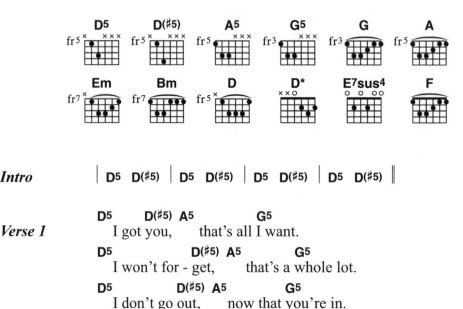

Intro | D5 D(♯5) | D5 D(♯5) | D5 D(♯5) | D5 D(♯5) ||

Verse 1

```
D5          D(#5)  A5              G5
   I got you,       that's all I want.
D5                D(#5)  A5         G5
   I won't for - get,       that's a whole lot.
D5              D(#5)  A5           G5
   I don't go out,       now that you're in.
D5                     D(#5)  A5              G5
   Sometimes we shout,      but that's no problem.
```

Chorus 1

```
G        A             Em            Bm   D
I don't know why sometimes I get frightened.
             G          A        Em         Bm       A
You can see my eyes and tell that I'm not lying.
```

Verse 2

```
D5            D(#5)  A5            G5
   Look at you,       you're a pageant.
D5                    D(#5)  A5              G5
   You're every - thing      that I've i - magined.
D5                          D(#5)  A5           G5
   When something's wrong      I feel un - easy
D5              D(#5)  A5                   G5
   You show me,        tell me you're not teasing.
```

Chorus 2

```
G         A              Em           Bm   D
I don't know why sometimes I get frightened.
            G        A          Em       Bm       A
You can see my eyes and tell that I'm not lying.
G         A              Em           Bm   D
I don't know why sometimes I get frightened.
            G        A          Em       Bm          A
You can see my eyes and tell me you're not lying.
```

Instr.

```
| 2/4 D*      | 4/4 E7sus4 | E7sus4 |
| 2/4 D*      | 4/4 E7sus4 | E7sus4 |
| 2/4 D*      | 4/4 E7sus4 | E7sus4 |
| F           | G          ||
```

Verse 3

```
D5                   D(#5)  A5              G5
   There's no doubt     when I'm with you.
D5                          D(#5)  A5          G5
   When I'm with - out,        I stay in my room.
D5                       D(#5)  A5            G5
   Where do you go,         I get no answer.
D5                       D(#5)  A5              G5
   You're always out,       it gets on my nerves.
```

Chorus 3

```
   G         A              Em           Bm   D
|: I don't know why sometimes I get frightened.
            G        A          Em       Bm       A
You can see my eyes and tell that I'm not lying.
G         A              Em           Bm   D
I don't know why sometimes I get frightened.
            G        A          Em       Bm          A
You can see my eyes and tell me you're not lying. :|
```

I Won't Let The Sun Go Down On Me

Words & Music by Nik Kershaw

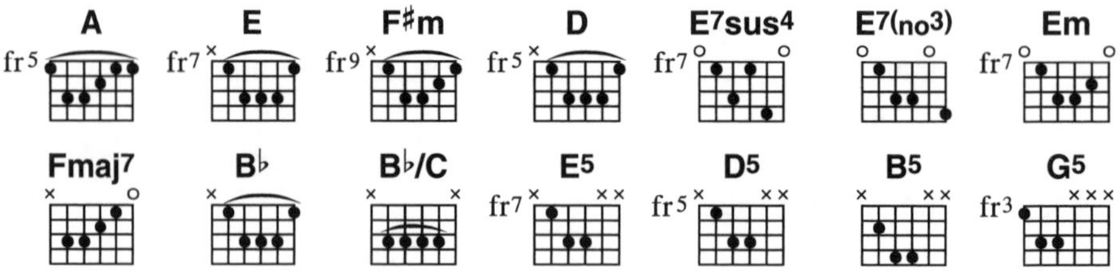

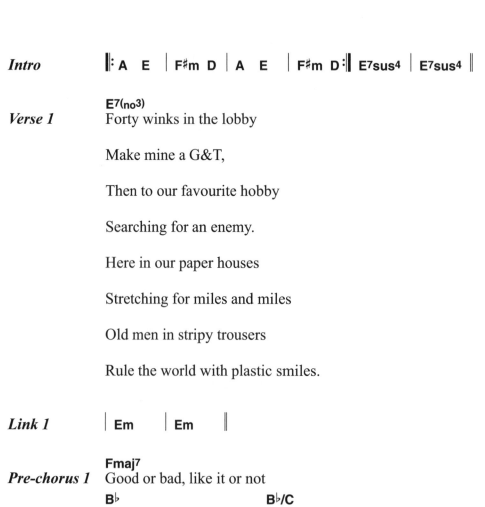

Intro ‖: A E | F♯m D | A E | F♯m D :‖ E7sus4 | E7sus4 ‖

Verse 1
E7(no3)
Forty winks in the lobby
Make mine a G&T,
Then to our favourite hobby
Searching for an enemy.
Here in our paper houses
Stretching for miles and miles
Old men in stripy trousers
Rule the world with plastic smiles.

Link 1 | Em | Em ‖

Pre-chorus 1
Fmaj7
Good or bad, like it or not
B♭ B♭/C
It's the only one we've got.

```
Chorus 1       A            E      F♯m     D
               I won't let the sun go down on me
                 A            E      F♯m     D
               I won't let the sun go down.
                 A            E      F♯m     D
               I won't let the sun go down on me
                 A            E      F♯m     D  E7sus4
               I won't let the sun go down.


               E7(no3)
Verse 2        Mother Nature isn't in it,

               Three hundred million years

               Goodbye in just a minute

               Gone forever, no more tears.

               Pinball man, power glutton

               Vacuum inside his head

               Forefinger on the button

               Is he blue or is he red?


Link 2         | Em      | Em      ||


               Fmaj7
Pre-chorus 2   Break your silence if you would
               B♭                               B♭/C
               Before the sun goes down for good.


Chorus 2       As Chorus 1


                 E5                  D5
Bridge         I won't let the sun go down on me
                 B5                  G5
               I won't let the sun go down.


Instrumental   | N.C.    ||: A   E  | F♯m  D | A   E  | F♯m  D :||
```

I'm Gonna Be (500 Miles)

Words & Music by Charles Reid & Craig Reid

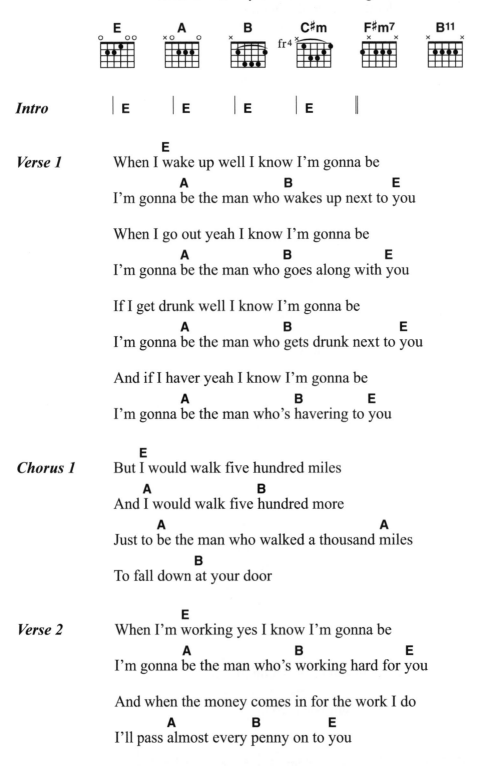

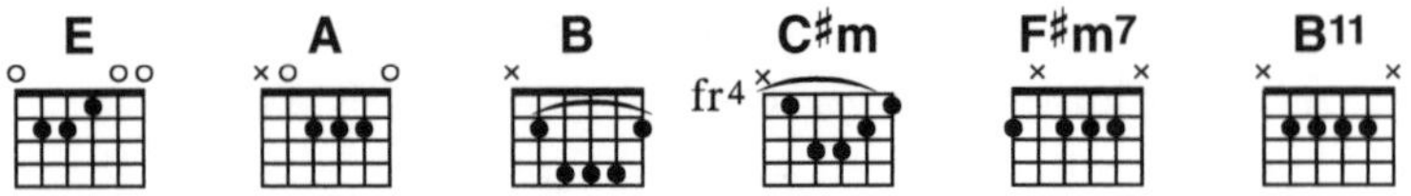

Intro | E | E | E | E ||

Verse 1

```
          E
When I wake up well I know I'm gonna be
            A              B              E
I'm gonna be the man who wakes up next to you

When I go out yeah I know I'm gonna be
            A              B              E
I'm gonna be the man who goes along with you

If I get drunk well I know I'm gonna be
            A              B                E
I'm gonna be the man who gets drunk next to you

And if I haver yeah I know I'm gonna be
            A                B          E
I'm gonna be the man who's havering to you
```

Chorus 1

```
       E
But I would walk five hundred miles
     A                B
And I would walk five hundred more
       A                                A
Just to be the man who walked a thousand miles
               B
To fall down at your door
```

Verse 2

```
             E
When I'm working yes I know I'm gonna be
            A                B              E
I'm gonna be the man who's working hard for you

And when the money comes in for the work I do
          A            B              E
I'll pass almost every penny on to you
```

```
                 E
cont.      When I come home oh I know I'm gonna be
                     A                B                  E
           I'm gonna be the man who comes back home to you

           And if I grow old well I know I'm gonna be
                     A                B                E
           I'm gonna be the man who's growing old with you


Chorus 2   As Chorus 1

              |: Bm    | A      | E      | G  A  :|
Bridge 1   La la la la...

Link 1     | E      | E      ||

                     E
Verse 3    When I'm lonely well I know I'm gonna be
                     A                B               E
           I'm gonna be the man who's lonely without you

           And when I'm dreaming well I know I'm gonna dream
                     A               B                 E
           I'm gonna dream about the time when I'm with you

           When I go out yeah I know I'm gonna be
                     A               B               E
           I'm gonna be the man who goes along with you

           And whenn I come home yes I know I'm gonna be
                     A               B                      C#m
           I'm gonna be the man who comes back home with you
                     F#m7             B11                  E
           I'm gonna be the man who's coming home with you.


Chorus 3   As Chorus 1

              |: Bm    | A      | E      | G  A  :|  Play 4 times
Bridge 2   La la la la...


Chorus 4   As Chorus 1
```

Just Like Honey

Words & Music by James Reid & William Reid

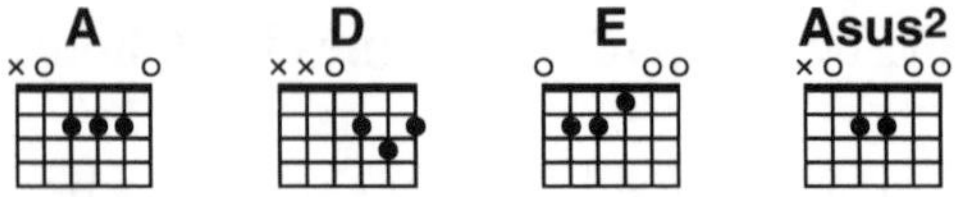

Tune guitar down a semitone

Intro | (A) | (A) | A | A | D | D ||

```
              A                       D
Verse 1       Listen to the girl as she takes on half the world
                      A
              Moving up and so alive
                   D                    A
              In her honey dripping bee - hive
                   D
              Bee - hive, it's good, so good,
                   A        D
              It's so good, so good

              E
Pre-chorus 1  Walking back to you
                   D                     A
              Is the hardest thing that I can do
                         D
              That I can do for you
                 A
              For you
                                D
              I'll be your plastic toy
                                A
              I'll be your plastic toy
                 D
              For you
              E
              Eating up the scum
                   D
              Is the hardest thing for me to do
```

Instr ‖: **A** | **A** | **D** | **D** :‖

| **E** | **E** | **D** | **D** ‖

Chorus 1

Asus2
Just like honey
D
Just like honey
A
‖: Just like honey
D
Just like honey :‖ *Repeat ad lib. to fade*

I Guess That's Why They Call It The Blues

Words & Music by Elton John, Bernie Taupin & Davey Johnstone

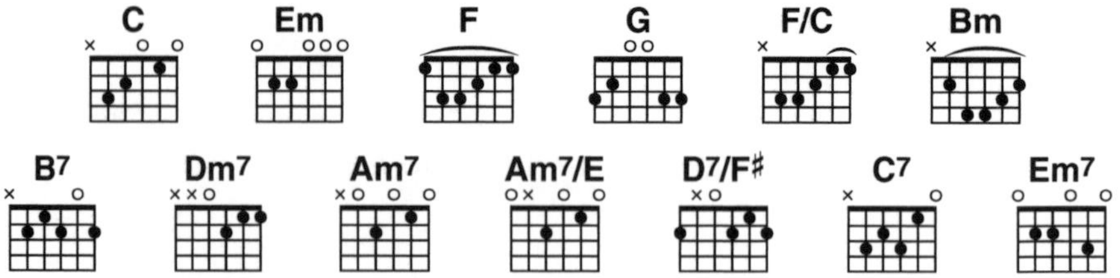

Intro | C Em | F | C Em | F ||

Verse 1

G
Don't wish it away
      Em   F   C   F/C C F/C C F/C
Don't look at it like it's for - ever
    C   G
Be - tween you and me
                     Bm
I could honestly say
      G   C   F/C C F/C C F/C
That things can only get better
    C   G
And while I'm a - way
B7   Em
Dust out the demons in - side
        Dm7   C
And it won't be long
                         G
Before you and me run
                          Am7
To the place in our hearts
F   Am7
Where we hide

Chorus 1

G/B C G/B F
And I guess that's why they call it the blues

C
Time on my hands

G/B F
Could be time spent with you

G
Laughing like children

Am7
Living like lovers

Am7/E F D7/F#
Rolling like thunder under the covers

F Gsus4 G C Em F
And I guess that's why they call___ it the blues

Verse 2

G
Just stare into space

Em F C F/C C F/C C F/C
Picture my face in your hands

C G
Live for each se - cond

Bm
Without hesi - tation

F C F/C C F/C C F/C
And never forget I'm your man

C G
Wait on me girl

B7 Em Dm7 C7
Cry in the night if it helps,___ but more than ev - er

G Am7 F G Am7
I simply love you, more than I love___ life it - self

Chorus 2 As Chorus 1

Instr

G	Em F	C F/C C F/C	C F/C C
G	Bm7 F	C F/C C F/C	C F/C C

Verse 3

C G
Wait on me girl

B7 Em Dm7 C7
Cry in the night if it helps,___ but more than ev - er

G Am7 F G Am7
I simply love you, more than I love___ life it - self

Chorus 3

```
G/B   C                           G/B       F
And I guess that's why they call it the blues

                C
Time on my hands

             G/B                F
Could be time spent with you

                  G
Laughing like children

               Am7
Living like lovers

Am7/E         F                       D7/F#
Rolling like thunder under the covers

         F                            Gsus4   G      C
And I guess that's why they call___ it the blues

   C               G
||: Laughing like children

Am7           Em7
Living like lovers

         F                            Gsus4   G      C
And I guess that's why they call___ it the blues :||
```

Outro

```
| C    G    | Am7  Em7 |

         F                            Gsus4   G      C
And I guess that's why they call___ it the blues
```

Karma Chameleon

Words & Music by George O'Dowd, Jonathan Moss, Roy Hay, Michael Craig & Philip Pickett

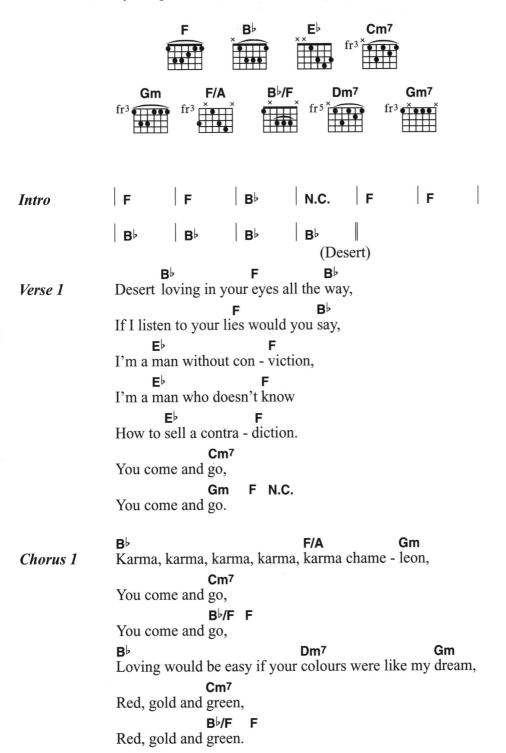

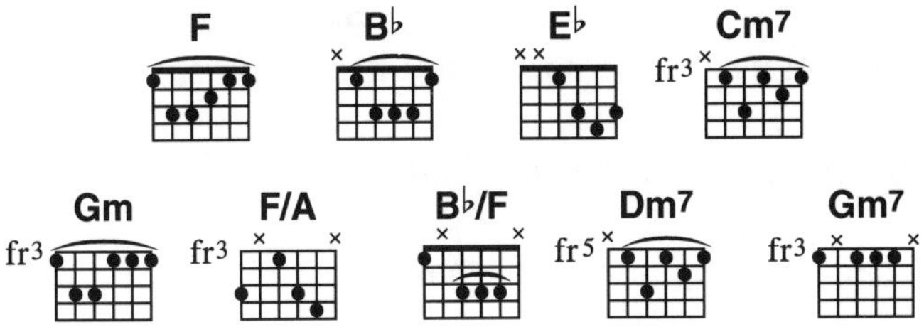

Intro

| F | F | B♭ | N.C. | F | F |

| B♭ | B♭ | B♭ | B♭ ||

(Desert)

Verse 1

```
        B♭              F           B♭
Desert loving in your eyes all the way,
                   F          B♭
If I listen to your lies would you say,
     E♭               F
I'm a man without con - viction,
     E♭              F
I'm a man who doesn't know
       E♭         F
How to sell a contra - diction.
                Cm7
You come and go,
                Gm    F   N.C.
You come and go.
```

Chorus 1

```
B♭                                  F/A             Gm
Karma, karma, karma, karma, karma chame - leon,
                Cm7
You come and go,
                B♭/F  F
You come and go,
B♭                               Dm7                Gm
Loving would be easy if your colours were like my dream,
               Cm7
Red, gold and green,
               B♭/F   F
Red, gold and green.
```

Verse 2

```
      B♭                   F            B♭
Didn't hear your wicked words every day,
                          F          B♭         B♭
And you used to be so sweet, I heard you say
         E♭                F
That my love was an ad - diction,
          E♭                F
When we cling our love is strong,
           E♭                      F
When you go you're gone for - ever.
                 Cm7
You string a - long,
                 Gm   F
You string a - long.
```

Chorus 2

As Chorus 1

Bridge 2

```
E♭                       Dm7
Every day is like sur - vival,
Cm7                           Gm7
You're my lover not my rival.
E♭                       Dm7
Every day is like sur - vival,
Cm7                           Gm   F
You're my lover not my ri  -  val.
```

Harmonica solo

```
| B♭    | F     | B♭    | B♭    |
| B♭    | F     | B♭    | B♭    ||
                          (I'm a)
```

```
              E♭                   F
Verse 3     I'm a man without con - viction,

               E♭                  F
            I'm a man who doesn't know,

                 E♭              F
            How to sell a contra - dication.

                           Cm7
            You come and go,

                           Gm   F
            You come and go.

              B♭                         F/A            Gm
Chorus 3    |: Karma, karma, karma, karma, karma chamel - eon,

                           Cm7
            You come and go,

                           B♭/F  F
            You come and go.

            B♭                              Dm7                 Gm
            Loving would be easy if your colours were like my dream

                           Cm7
            Red, gold and green,

                           B♭/F   F
            Red, gold and green.        :| Repeat 4 times and fade
```

Like A Prayer

Words & Music by Madonna & Pat Leonard

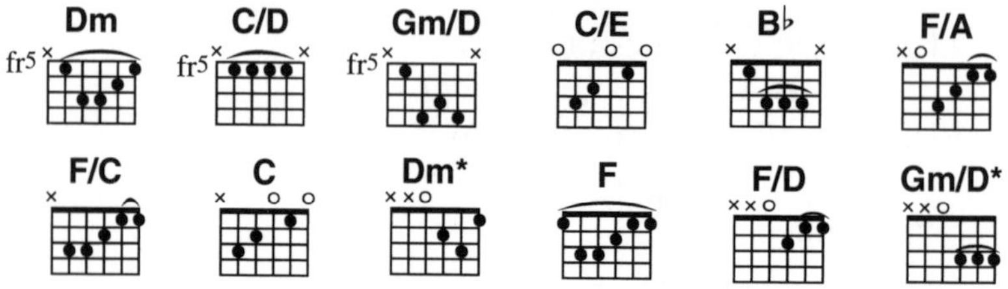

Intro

God?

Dm C/D Gm/D
Ooh,________

Dm C/D Gm/D
Ooh,________

Dm C/D Gm/D
Ooh,________

F/A B♭ F/C C
Ooh.________

Dm C/D Gm/D Dm
Life is a mys - te - ry,

C/D Gm/D Dm
Everyone must stand a - lone,

C/E B♭ F/A
I hear you call my name,

B♭ F/C C Dm*
And it feels like home.__

Link | Dm* | Dm* | Dm* | Dm* |

Chorus 1

F C
When you call my name it's like a little prayer,

B♭ F/A F/D Gm/D* F
I'm down on my knees, I wanna take you there.

C
In the midnight hour I can feel your power,

B♭ F/A F/D Gm/D* (B♭)
Just like a prayer you know I'll take you there.

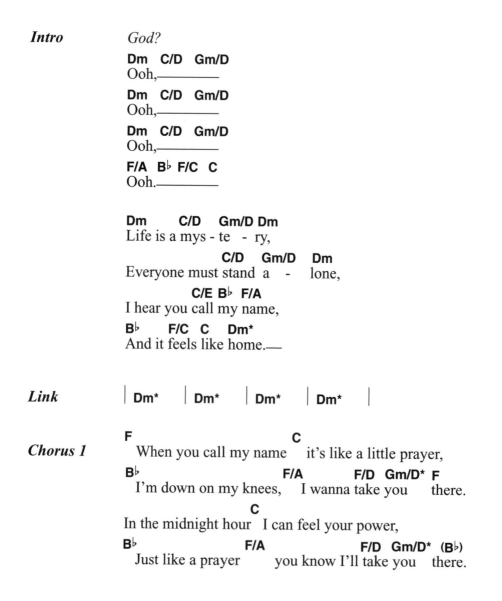

Verse 1

B♭ F C Dm*
I hear your voice, it's like an angel sighing,

B♭ F C
I have no choice, I hear your voice,

Feels like flying.

B♭ F C Dm*
I close my eyes, oh God I think I'm falling.

B♭ F C
Out of the sky, I close my eyes,

Heaven help me.

Chorus 2

F C
When you call my name it's like a little prayer,

B♭ F/A F/D Gm/D* F
I'm down on my knees, I wanna take you there.

C
In the midnight hour I can feel your power,

B♭ F/A F/D Gm/D* B♭
Just like a prayer you know I'll take you there.

Verse 2

F C Dm*
Like a child you whisper softly to me,

B♭ F C
You're in con - trol just like a child,

Now I'm dancing.

B♭ F C Dm*
It's like a dream, no end and no beginning,

B♭ F C
You're here with me, it's like a dream,

Let the choir sing:

Chorus 3

F C
When you call my name it's like a little prayer,

B♭ F/A F/D Gm/D* F
I'm down on my knees, I wanna take you there.

C
In the midnight hour I can feel your power,

B♭ F/A F/D Gm/D* F
Just like a prayer you know I'll take you there.

Chorus 4

F C
When you call my name it's like a little prayer,
B♭ F/A F/D Gm/D* F
I'm down on my knees, I wanna take you there.
C
In the midnight hour I can feel your power,
B♭ F/A F/D Gm/D* Dm
Just like a prayer you know I'll take you there.

Link 2

(Dm) C/D Gm/D
Ah,
Dm C/D Gm/D
Ah, ah,

Bridge 1

Dm C/D Gm/D Dm C/D Gm/D Dm
Life is a mys - te - ry, everyone must stand a - lone,
C/E B♭ F/A
I hear you call my name
B♭ F/C C Dm*
And it feels like home.

Bridge 2

(Dm) C/D Gm/D
Just like a prayer, your voice can take me there.
Dm C/D Gm/D
Just like muse to me, you are a mystery.
Dm C/E B♭ F/A
Just like a dream, you are not what you seem.
B♭ F/C C F
Just like a prayer, no choice, your voice can take me there.

Chorus 5

(F) C
𝄆 Just like a prayer, I'll take you there,
B♭ F/A Dm* C
It's like a dream to me 𝄇 *Play 4 times*

```
Interlude   |: N.C.  | N.C.   | N.C.   | N.C.  :|

            | Dm*    | Dm*    | Dm*    | Dm*    |

            | Dm*    | C/E B♭ | F/A B♭ | F/C C  ||


             Dm                   C/D                Gm/D
Bridge 3       Just like a prayer,   your voice can take me there.
             Dm                       C/D        Gm/D
               Just like muse to me,     you are a mystery.
             Dm                   C/E            B♭        F/A
               Just like a dream,    you are not what you seem.
                 B♭                F/C                          C      F
             Just like a prayer, no choice, your voice can take me there.


                (F)                  C                  B♭
Chorus 6     |: Just like a prayer, I'll take you there,
                                  F/A   Dm*  C
             It's like a dream to me.            :|   Repeat to fade
```

Little Lies

Words & Music by Christine McVie & Eddy Quintela

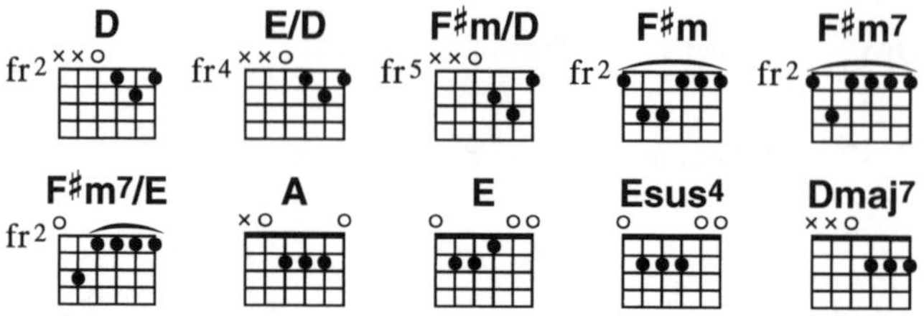

Intro

| D E/D | F♯m/D E/D | D E/D | F♯m/D E/D |

| D E/D | F♯m/D E/D | D E/D | F♯m/D ||

Verse 1

F♯m F♯m7
If I could turn the page

F♯m F♯m7/E D E/D
In time then I'd rearrange just a day or two,

F♯m/D E/D D E/D A
(Close my, close my, close my eyes.)

F♯m F♯m7
But I couldn't find a way,

F♯m F♯m7/E D E/D
So I'll settle for one day to bel - ieve in you,

F♯m/D E/D D E/D A
(Tell me, tell me, tell me lies.)

Chorus 1

F♯m A
Tell me lies, tell me sweet little lies,

D
(Tell me lies)

E
Tell me, tell me lies.

F♯m A
Oh no, no, you can't disguise,

D E
(You can't dis - guise),

```
cont.           No you can't disguise,
                F♯m                  A
                Tell me lies, tell me sweet little lies.

                | D       | Esus4 E |

                F♯m                  F♯m7
Verse 2           Although I'm not making plans,
                F♯m                F♯m7/E            D           E/D
                  I hope that you understand there's a reason why,
                F♯m/D      E/D        D          E/D        A
                         (Close your, close your, close your eyes.)
                F♯m        F♯m7
                  No more broken hearts,
                F♯m             F♯m7/E        D           E/D
                  We're better off apart, let's give it a try.
                F♯m/D     E/D      D       E/D    A
                        (Tell me, tell me, tell me lies.)

Chorus 2        As Chorus 1

Instrumental    | D   E  | Dmaj7 E | D   E  | Dmaj7 E |

                | D   E  | Dmaj7 E | D   E  | Dmaj7 E ||

Verse 3         As Verse1

                  F♯m                   A
Chorus 3        ||: Tell me lies, tell me sweet little lies,
                D
                  (Tell me lies)
                E
                  Tell me, tell me lies.
                F♯m            A
                Oh no, no, you can't disguise,
                D                 E
                  (You can't dis - guise),

                No you can't disguise. :||

                Repeat to fade
```

Livin' On A Prayer

Words & Music by Jon Bon Jovi, Richie Sambora & Desmond Child

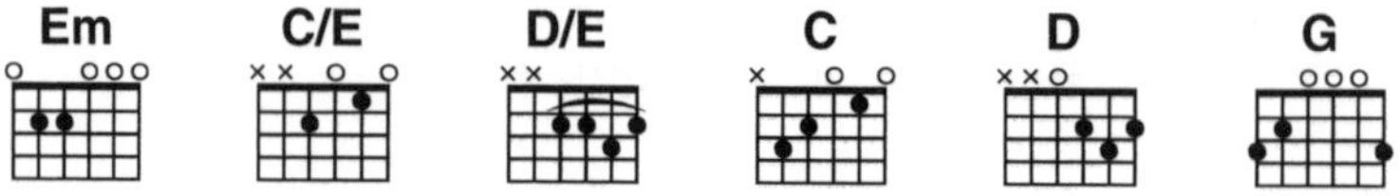

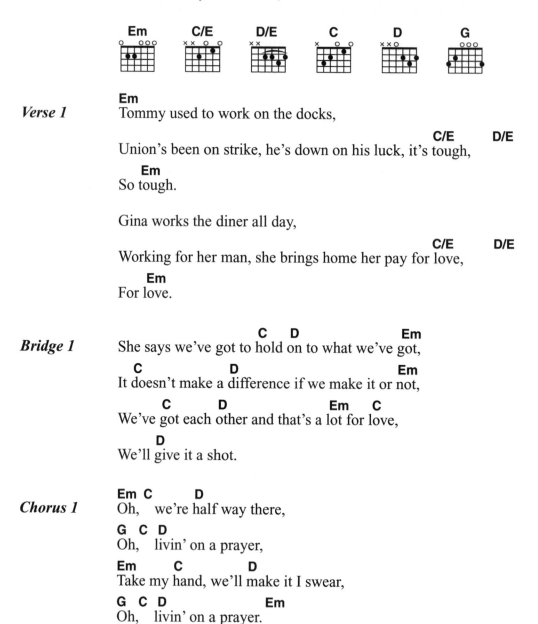

```
           Em
Verse 1    Tommy used to work on the docks,

                                                    C/E        D/E
           Union's been on strike, he's down on his luck, it's tough,
             Em
           So tough.

           Gina works the diner all day,

                                                    C/E        D/E
           Working for her man, she brings home her pay for love,
              Em
           For love.

                                     C    D                  Em
Bridge 1   She says we've got to hold on to what we've got,
              C                 D                       Em
           It doesn't make a difference if we make it or not,
                 C         D                   Em    C
           We've got each other and that's a lot for love,
                 D
           We'll give it a shot.

           Em C      D
Chorus 1   Oh,   we're half way there,
           G  C  D
           Oh,   livin' on a prayer,
           Em        C           D
           Take my hand, we'll make it I swear,
           G  C  D               Em
           Oh,   livin' on a prayer.
```

```
             Em
Verse 2      Tommy got his six-string in hock,
                                                          C/E       D/E
             Now he's holding in when he used to make it talk so tough,
                Em
             It's tough.

             Gina dreams of running away,
                                                             C/E      D/E
             When she cries in the night Tommy whispers "Baby, it's o.k."
                  Em
             Some day.


Bridge 2     As Bridge 1

             Em C        D
Chorus 2     Oh,    we're half way there,
             G  C  D
             Oh,    livin' on a prayer,
             Em       C        D
             Take my hand, we'll make it I swear,
             G  C  D
             Oh,    livin' on a prayer,
             C
             Livin' on a prayer.


Guitar solo  | Em  C | D      | G   C | D      |

             | Em  C | D      | G   C | Em     |

             Em          C    D          Em
             We've got to hold on, ready or not,
                C                        D
             You live for the fight when that's all you've got.
```

Ad lib. to fade

Lullaby

Words by Robert Smith
Music by Robert Smith, Simon Gallup, Porl Thompson, Boris Williams,
Roger O'Donnell & Laurence Tolhurst

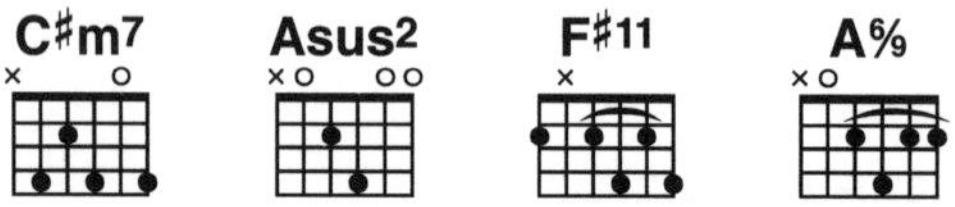

Intro |: C#m7 | C#m7 | Asus2 | Asus2 :| *Play 6 times*

Verse 1

C#m7
On candy stripe legs the spiderman comes
Asus2
Softly through the shadow of the evening sun
C#m7
Stealing past the windows of the blissfully dead
Asus2
Looking for the victim shivering in bed
C#m7
Searching out fear in gathering gloom
Asus2
And suddenly, a movement in the corner of the room
C#m7
And there is nothing I can do when I realise with fright
Asus2
That the spiderman is having me for dinner tonight

Link 1 |: C#m7 | C#m7 | Asus2 | Asus2 :|

Verse 2

```
C#m7
Quietly he laughs and shaking his head
            Asus2
Creeps closer now, closer to the foot of the bed
        C#m7
And softer than shadow and quicker than flies
       Asus2
His arms are all around me and his tongue in my eyes
    C#m7
Be still be calm be quiet now my precious boy
           Asus2
Don't struggle like that or I will only love you more
              C#m7
For it's much too late to get away or turn on the light
       Asus2
The spiderman is having you for dinner tonight
```

Bridg

```
           F#11
And I feel like I'm being eaten
                                        A6/9
By a thousand million shivering furry    holes
           F#11
And I know that in the morning
                                   A6/9
I will wake up in the shivering cold


And the spiderman is always hungry
```

Outro

𝄆 C#m7 | C#m7 | Asus2 | Asus2 𝄇 *Play 6 times*

Mad World

Words & Music by Roland Orzabal

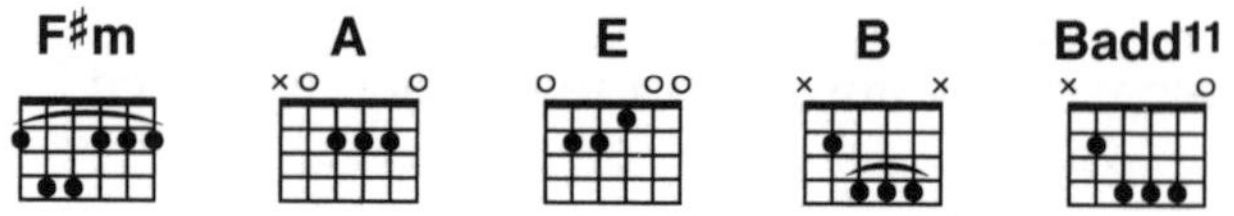

Intro Drums for 4 bars

Verse 1

F♯m A
All around me are familiar faces,
E B
Worn out places, worn out faces.
F♯m A
Bright and early for their daily races,
E B
Going nowhere, going nowhere.
F♯m A
And their tears are filling up their glasses,
E B
No expression, no expression.
F♯m A
Hide my head I want to drown my sorrow,
E B
No tommorow, no tommorow.

Prechorus 1

F♯m B
And I find it kind of funny,
F♯m
I find it kind of sad.
B
The dreams in which I'm dying
F♯m
Are the best I've ever had.
B
I find it hard to tell you
F♯m
'Cause I find it hard to take.
B
When people run in circles

It's a very, very....

Chorus 1

```
F♯m   B   Badd11
  Mad World,
F♯m   B   Badd11
  Mad World.
F♯m   B   Badd11
  Mad World,
F♯m   B   Badd11
  Mad World.
```

Verse 2

```
F♯m                               A
  Children waiting for the day they feel good,
E                  B
Happy Birthday, Happy Birthday!
F♯m                               A
  Made to feel the way that every child should,
E              B
Sit and listen, sit and listen.
F♯m                               A
  Went to school and I was very nervous,
E                    B
No one knew me, no one knew me.
F♯m                             A
  'Hello teacher, tell me what's my lesson?'
E                             B
Look right through me, look right through me.
```

Prechorus 2 As Prechorus 1

Chorus 2 As Chorus 1

Instrumental | Badd11 | Badd11 |

|: F♯m | A | E | B :|

Prechorus 3 As Prechorus 1

Chorus 3 As Chorus 1

Outro |: Badd11 | Badd11 | Badd11 :| **Drums for 2 bars**

The Model

Words & Music by Ralf Hutter, Karl Bartos & Emil Schult

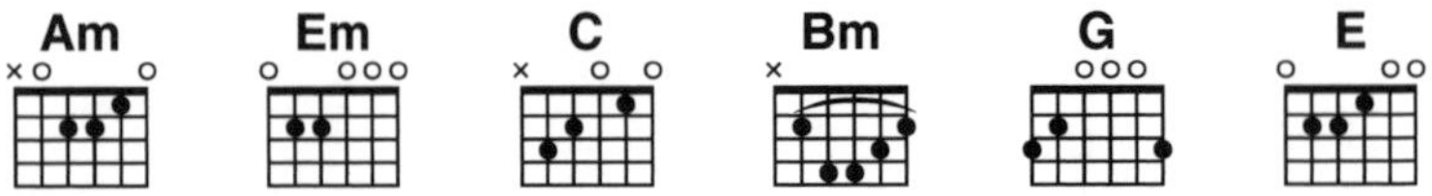

Intro ‖: Am | Em | Am | Em :‖

Verse 1

Am Em Am Em
She's a model and she's looking good
Am Em Am Em
I'd like to take her home that's understood
Am Em Am Em
She plays hard to get she smiles from time to time
Am Em Am Em
It only takes a camera to change her mind

Link 1

| C | Bm | G | G |
| C | Bm | E | E ‖

Verse 2

Am Em Am Em
She's going out tonight but drinking just champagne
Am Em Am Em
And she has been checking nearly all the men
Am Em Am Em
She's playing her game and you can hear them say
Am Em Am Em
She is looking good, for beauty we will pay

Link 2 | C | Bm | G | G |
| C | Bm | E | E ||

Instr. 1 ||: Am | Em | Am | Em :|| *Play 4 times*

Link 3 | C | Bm | G | G |
| C | Bm | E | E ||

Verse 3
```
           Am                                Em              Am  Em
She's posing for consumer products now and then
        Am                              Em           Am  Em
For every camera she gives the best she can
     Am                            Em         Am  Em
I saw her on the cover of a magazine
          Am                              Em               Am  Em
Now she's a big success, I want to meet her again
```

Instr. 2 ||: Am | Em | Am | Em :|| *Play 3 times*
| Am | Em | Am | (Am) ||
let ring...

Living In Another World

Words & Music by Mark Hollis & Tim Friese-Greene

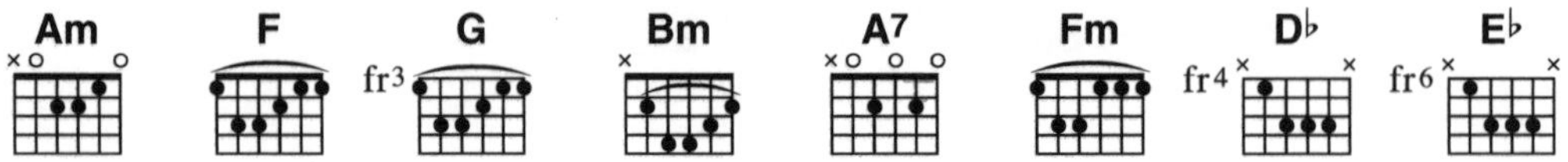

Intro ‖: Am | Am | F | F :‖

Verse 1

Am
Better parted
F   Am F G
I see people cry - ing
Am
Truth gets harder
F   Am F G
There's no sense in ly - ing

Pre-chorus 1

Bm   G   A7 Bm
Help me find a way from this maze
                    G   A7
I can't help my - self

Chorus 1

Fm   D♭ E♭
When I see tenderness before you left
Fm   D♭   E♭
That even breaking up was never meant
Fm   D♭
But only angels look before they tread
                        E♭   Fm
Forget, living in an - other world   to you
                    D♭
Living in another world to you
               E♭   Am F G
Living in an - other world to you

| Am | Am | F | F ‖

Verse 2

```
Am
Better parted
F            G
I see people hiding

| Am     | Am     | F      | F  G  |

Am
Speech gets harder
F                G
There's no sense in writing

| Am     | Am     | F      | F  G  |
```

Pre-chorus 2

```
Bm                            G     A7  Bm
Help me find a way from this maze
                  G     A7
I can't help my - self
```

Chorus 2

```
Fm                                Db   Eb
When I see tenderness before you left
Fm                               Db      Eb
That even breaking up was never meant
Fm                              Db
But only angels look before they tread
                      Eb          Fm
Forget, living in an - other world    to you
                   Db
Living in another world to you
```

Instr

```
|  Am          | Am          | F           | G           |
|: Am          | Am          | Am          | Am         :|
|: Am G Am     | Am  G  F    | F           | F     G    :|  Play 4 times
|: Bm          | Bm          | G           | G     A7   :|
```

Pre-chorus 3

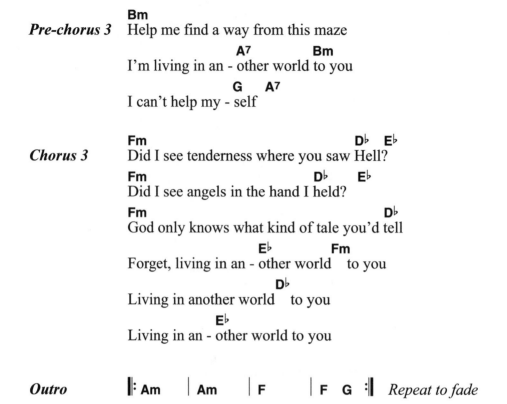

```
Bm
Help me find a way from this maze
                    A7            Bm
I'm living in an - other world to you
                   G     A7
I can't help my - self
```

Chorus 3

```
Fm                                        D♭   E♭
Did I see tenderness where you saw Hell?
Fm                                 D♭       E♭
Did I see angels in the hand I held?
Fm                                            D♭
God only knows what kind of tale you'd tell
                        E♭          Fm
Forget, living in an - other world    to you
                         D♭
Living in another world     to you
                  E♭
Living in an - other world to you
```

Outro

𝄆 Am | Am | F | F G 𝄇 *Repeat to fade*

Moonlight Shadow

Words & Music by Mike Oldfield

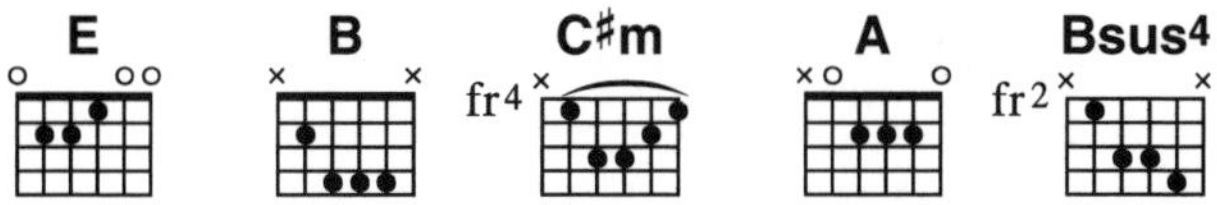

Intro | E | B | C♯m A | B ||

Verse 1

```
     C♯m                A
The last that ever she saw him
B                  E          B
Carried away by a moonlight shadow
    C♯m                      A
He passed on worried and warning
B                  E          B
Carried away by a moonlight shadow
```

Pre-chorus 1

```
E                  B
Lost in a river last Saturday night
C♯m   A            B
Far a - way on the other side.
           E
He was caught in the middle of a desperate fight
          C♯m            A          B
And she couldn't find how to push through
```

Verse 2

```
     C♯m                      A
The trees that whisper in the evening
B                  E          B
Carried away by a moonlight shadow
        C♯m                    A
Sing a song of sorrow and grieving
B                  E          B
Carried away by a moonlight shadow
```

Pre-chorus 2

E B
All she saw was a silhou - ette of a gun
C♯m A B
Far a - way on the other side
E
He was shot six times by a man on the run
C♯m A B
And she couldn't find how to push through

Chorus 1

Bsus4 B Bsus4 B
I_____ stay, I_____ pray
E A B Bsus4 B
I see you in heaven far a - way
Bsus4 B Bsus4 B
I_____ stay, I_____ pray
E A B
I see you in heaven one___ day

Verse 3

C♯m A
Four am in the morning
B E B
Carried away by a moonlight shadow
C♯m A
I watched your vision forming
B E B
Carried away by a moonlight shadow

Pre-chorus 3

E B
Star was light in a silvery night
C♯m A B
Far a - way on the other side
E B
Will you come to talk to me this night
C♯m A B
But she couldn't find how to push through

Chorus 2

Bsus4 B Bsus4 B
I_____ stay, I_____ pray
E A B Bsus4 B
I see you in heaven far a - way
Bsus4 B Bsus4 B
I_____ stay, I_____ pray
E A B
I see you in heaven one___ day

Instr 𝄆 C♯m | A | B | E B 𝄇 E | B ‖

C♯m A B
Far a - way on the other side

| E | B | C♯m A | B |

𝄆 C♯m | A | B | E B 𝄇

E B
Caught in the middle of a hundred and five

| C♯m A | B |

E B
The night was heavy and the air was alive

C♯m A B
But she couldn't find how to push through

| C♯m | A |

B E B
Carried away by a moonlight shadow

| C♯m | A |

B E B
Carried away by a moonlight shadow

| E | B |

C♯m A
Far a - way on the other side.

| E | B |

C♯m A B
But she couldn't find how to push through

More That This

Words & Music by Bryan Ferry

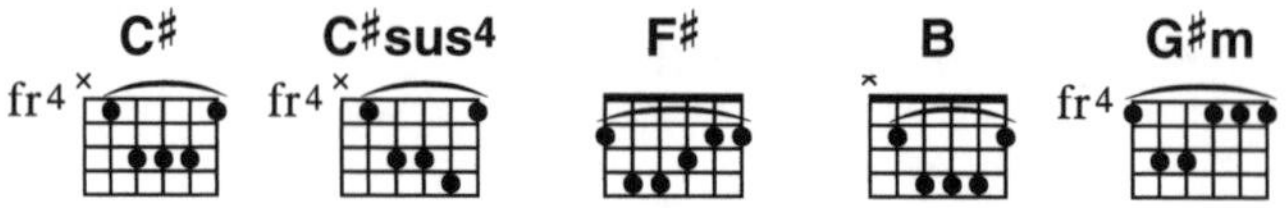

Intro ‖: C♯ | C♯ | C♯sus4 | C♯sus4 :‖

Verse 1

F♯ B
I could feel at the time

G♯m C♯
There was no way of knowing

F♯ B
Fallen leaves in the night

G♯m C♯
Who can say where they're blowing

F♯ B
As free as the wind

G♯m C♯
Hopefully learning

F♯ B
Why the sea on the tide

G♯m C♯
Has no way of turning

Chorus 1

F♯ B
More than this you know there's nothing

F♯ B
More than this tell me one thing

F♯ B
More than this there is nothing

Link 1 | C♯ | C♯ | B | B ‖

```
                   F♯          B
*Verse 2*    It was fun for a while
                        G♯m        C♯
             There was no way of knowing
                  F♯               B
             Like dream in the night
                       G♯m                 C♯
             Who can say where we're going
                 F♯            B
             No care in the world
             G♯m            C♯
                Maybe I'm learning
                                  B
             Why the sea on the tide
                  G♯m         C♯
             Has no way of turning
```

```
                        F♯                       B
*Chorus 2*   More than this you know there's nothing
                        F♯          B
             More than this tell me one thing
                        F♯            B
             More than this no there's nothing
```

Link 2 | C♯ | C♯ | B | B ||

```
                        F♯  B
*Chorus 3*   More than this nothing
                        F♯  B
             More than this
                        F♯  B
             More than this nothing
```

Link 3 | C♯ | C♯ | B | B ||

Outro |: F♯ | B | G♯m | C♯ :| *Repeat to fade*

My Perfect Cousin

Words & Music by John O'Neil & M.J. Bradley

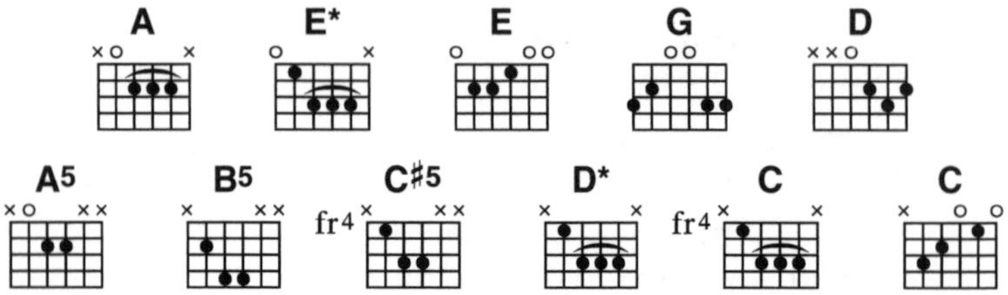

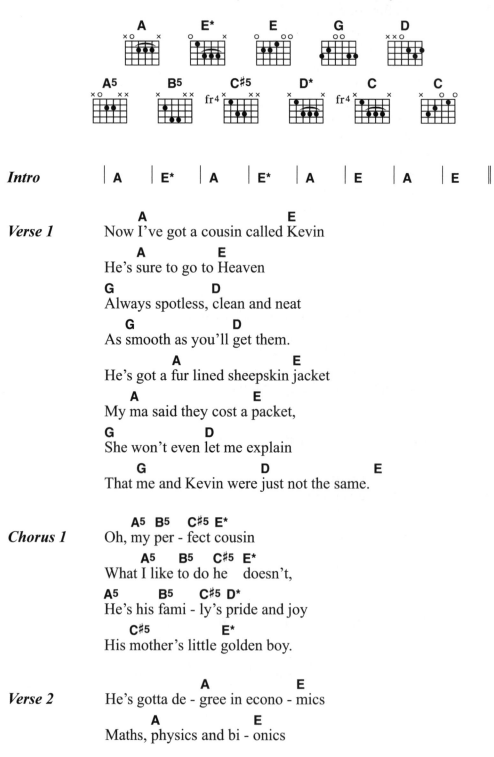

Intro | A | E* | A | E* | A | E | A | E ||

Verse 1

A E
Now I've got a cousin called Kevin
A E
He's sure to go to Heaven
G D
Always spotless, clean and neat
G D
As smooth as you'll get them.
A E
He's got a fur lined sheepskin jacket
A E
My ma said they cost a packet,
G D
She won't even let me explain
G D E
That me and Kevin were just not the same.

Chorus 1

A5 B5 C#5 E*
Oh, my per - fect cousin
A5 B5 C#5 E*
What I like to do he doesn't,
A5 B5 C#5 D*
He's his fami - ly's pride and joy
C#5 E*
His mother's little golden boy.

Verse 2

A E
He's gotta de - gree in econo - mics
A E
Maths, physics and bi - onics

cont.

```
    G                 D
He thinks that I'm a cabbage
          G                 D
'Cause I hate University Challenge
       A             E
Even at the age of ten
             A                     E
Smart boy Kevin was a smart boy then,
    G                    D
He always beat me at Subbuteo
         G
'Cause he flicked the kick
      D              E
And I didn't know.
```

Chorus 2 As Chorus 1

Instrumental

| G | D | G | D | C | G |
| C | G | D | D | D | D ||

Verse 3

```
     A                             E
His mother bought him a synthe - sizer
         A                        E
Got the Human League in to ad - vise her
G                  D
Now he's making lots of noise,
G                        D
Playing along with the art school boys.
A                          E
Girls try to attract his at - tention,
     A                           E
But what a shame, it's in vain, total rejection
G                 D
He will never be left on the shelf
         G              D                E
'Cause Kevin, he's in love with himself.
```

Chorus 2 As Chorus 1

Outro | A | E* | A | E* | A ||

New Sensation

Words & Music by Andrew Farriss & Michael Hutchence

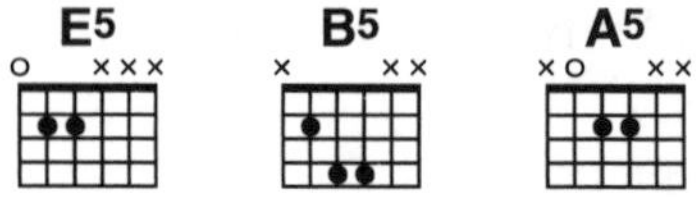

Intro | E5 | E5 | E5 | E5 ||

Verse 1

E5
Live baby live now that the day is over
B5
I got a new sensation
A5
In perfect moments
E5 **riff 2 bars**
Well so im - possible to refuse
E5
Sleep baby sleep now that the night is over
B5
And the sun comes like a god
A5
In - to our room
E5
All perfect light and promises

Chorus 1

E5
Gotta hold on you a new sensation

A new sensation right now

It's going to take you over

A new sensation

A new sensation

Verse 2

E5
Dream baby dream of all that's come and going

B5
And you will find out in the end

A5
There really is

E5 **riff 2 bars**
There really is no difference

E5
Cry baby cry when you got to get it out

B5
I'll be you shoulder you can tell me all

A5
Don't keep it in you

E5
Well that's the reason why I'm here

Chorus 2

E5
Hey hey! Are you ready for a new sensation

A new sensation right now

Gonna take you over

A new sensation

A new sensation

A new sensation

A new sensation

A new sensation

Verse 3

E5
Hey baby hey well there's nothing left for you
B5
You're only human what can you do
A5
It will soon be over
E5
Don't let your brain take over you
E5
Love baby love its written all over your face
B5
There's nothing better we can do
A5
Then live forever
E5
That's all we've got to do

Chorus 3

E5
Hey now

I'm going to take you over

A new sensation a new sensation

Right now gotta hold on you

A new sensation

A new sensation

A new sensation

A new sensation

A new sensation

Once In A Lifetime

Words & Music by David Byrne, Brian Eno, Jerry Harrison, Tina Weymouth & Christopher Frantz

A7sus4 A7sus4/F♯ D D/F♯ G G/A D/A C

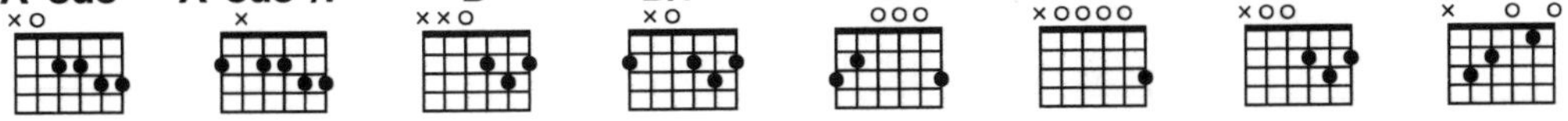

Intro ‖: A7sus4 | A7sus4/F♯ | A7sus4 | A7sus4/F♯ :‖

Verse 1

A7sus4
And you may find yourself
A7sus4/F♯
living in a shotgun shack
A7sus4
And you may find yourself
A7sus4/F♯
In another part of the world
A7sus4
And you may find yourself
A7sus4/F♯ A7sus4
behind the wheel of a large au - tomobile
A7sus4/F♯
And you may find yourself in a beautiful house,
A7sus4 A7sus4/F♯
With a beauti - ful wife
A7sus4
And you may ask yourself... well...
A7sus4/F♯ A7sus4
How did I get here?

Chorus 1

D D/F♯ G
Letting the days go by let the water hold me down
G/A D D/F♯ G
Letting the days go by water flowing underground
G/A D D/F♯ G
Into the blue again after the money's gone
G/A D D/F♯ G
Once in a lifetime water flowing underground.

Verse 2

A7sus4
And you may ask yourself
A7sus4/F#
How do I work this?
A7sus4
And you may ask yourself
A7sus4/F#
Where is that large automobile?
A7sus4
And you may tell yourself
A7sus4/F#
This is not my beautiful house!
A7sus4
And you may tell yourself
A7sus4/F#   A7sus4
This is not my beautiful wife!

Chorus 2.

D   D/F#   G
Letting the days go by let the water hold me down
G/A   D   D/F#   G
Letting the days go by water flowing underground
G/A   D   D/F#   G
Into the blue again after the money's gone
G/A   D   D/F#   G
Once in a lifetime water flowing underground.

Bridge.

𝄆 D/A   D/F#
Same as it ever was... same as it ever was... 𝄇 *Play 4 times*
A7sus4   A7sus4/F#
Water dissolving   and water removing
A7sus4   A7sus4/F#
There is water at the bottom of the ocean
A7sus4
Under the water   carry the water
A7sus4/F#   A7sus4 A7sus4/F# A7sus4
Remove the water at the bottom of the ocean!

Chorus 3

D   D/F#   G
Letting the days go by let the water hold me down
G/A   D   D/F#   G
Letting the days go by water flowing underground
G/A   D   D/F#   G
Into the blue again into the silent water
G/A   D   D/F#   G
Under the rocks and stones there is water underground.
G/A   D   D/F#   G
Letting the days go by let the water hold me down.

cont.

G/A D D/F♯ G
Letting the days go by water flowing underground
G/A D D/F♯ G
Into the blue again after the money's gone
G/A D D/F♯ G
Once in a lifetime water flowing underground.

Verse 3

A^{7}sus^4
And you may ask yourself
A^{7}sus^4/F♯
What is that beautiful house?
A^{7}sus^4
And you may ask yourself
A^{7}sus^4/F♯
Where does that highway go to?
A^{7}sus^4
And you may ask yourself
A^{7}sus^4/F♯
Am I right? Am I wrong?
A^{7}sus^4
And you may say to yourself
A^{7}sus^4/F♯ A^{7}sus^4
My God! What have I done?

Chorus 4

D D/F♯ G
Letting the days go by let the water hold me down
G/A D D/F♯ G
Letting the days go by water flowing underground
G/A D D/F♯ G
Into the blue again into the silent water
G/A D D/F♯ G
Under the rocks and stones there is water underground.
G/A D D/F♯ G
Letting the days go by let the water hold me down
G/A D D/F♯ G
Letting the days go by water flowing underground
G/A D D/F♯ G
Into the blue again after the money's gone
G/A D D/F♯ G
Once in a lifetime water flowing underground.

Chorus 4

D C G
𝄆 Same as it ever was... same as it ever was... 𝄇 *Repeat to fade*

Panic

Words & Music by Morrissey & Johnny Marr

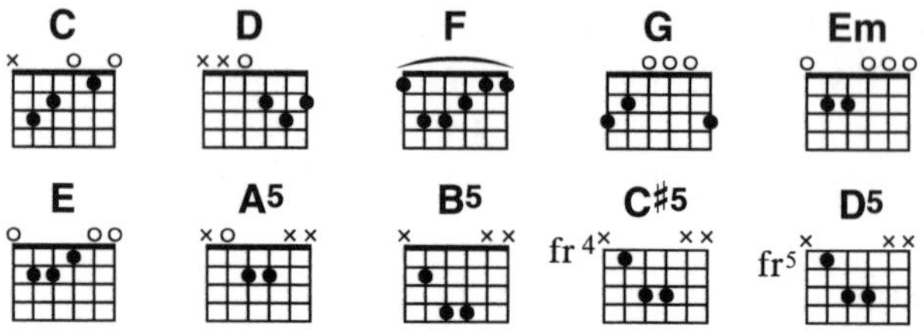


```
Intro    | C              | D      F  C  |

           G                 Em
Verse    Panic on the streets of London,
           G                  Em
         Panic on the streets of Birmingham,
            C     G     D     F C
         I wonder to myself.
           G            Em
         Could life ever be sane again?
               G                      Em
         The Leeds side-streets that you slip down.
            C     G     D     F C
         I wonder to myself…
           G                Em
         Hopes may rise on the Grasmere,
           G                        Em
             But Honey Pie, you're not safe here,
                          C     G             D     F  C
         So you run down to the safety of the town.
                        G                    Em
         But there's Panic on the streets of Carlisle,
           G            Em
         Dublin, Dundee, Humberside,
           C      G     D     F C
         I wonder to myself…

Instr.   | E              | E        A5 | B5       C♯5 | D5          |
         | E              | E        A5 | B5       C♯5 | D5          |
```

```
               G                    Em
Chorus         Burn down the disco,
               G                    Em
               Hang the blessed DJ,
                            C                  G            D
               Because the music that they constantly play,
                       G                        Em
               It says nothing to me about my life.
               G                    Em
               Hang the blessed DJ,
                            C            G                  D
               Because the music they constantly play…
               F   C       G                                Em
                   On the Leeds side-streets that you slip down,
                  G                        Em
               Provincial towns you jog 'round.
                          C                G             D
               Hang the DJ, Hang the DJ, Hang the DJ,
                          C                G             D
               Hang the DJ, Hang the DJ, Hang the DJ.
                          C                G             D
               Hang the DJ, Hang the DJ, Hang the DJ,
               F       C  G               Em
               Hang the DJ, Hang the DJ,
                          G               Em
               Hang the DJ, Hang the DJ.
                          C                G             D
               Hang the DJ, Hang the DJ, Hang the DJ,
               F       C  G               Em
               Hang the DJ, Hang the DJ,
                          G               Em
               Hang the DJ, Hang the DJ.
                          C                G             D
               Hang the DJ, Hang the DJ, Hang the DJ,

               Hang the DJ, Hang the DJ,
               F       C  G               Em
               Hang the DJ, Hang the DJ.
                                G                   Em
               Hang the DJ, Hang the DJ, Hang the DJ…
```

ad lib. to fade

Perfect Skin

Words & Music by Lloyd Cole

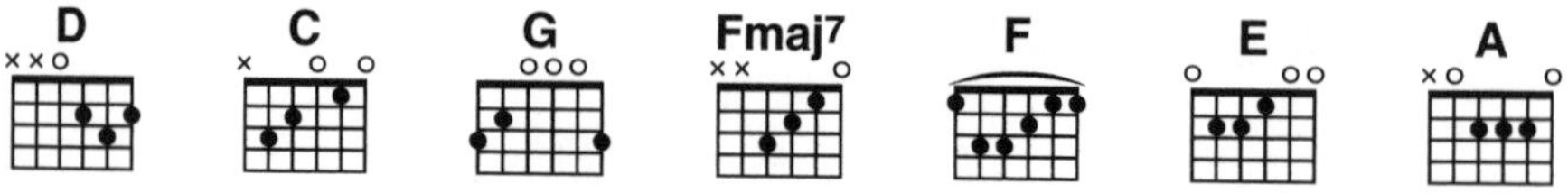

Intro | D | C G | D | C G ||

Verse 1

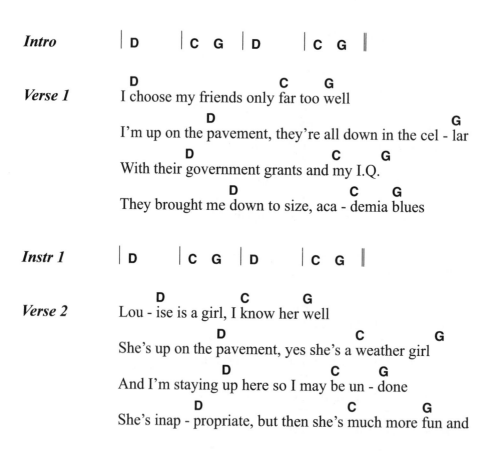

D C G
I choose my friends only far too well
D G
I'm up on the pavement, they're all down in the cel - lar
D C G
With their government grants and my I.Q.
D C G
They brought me down to size, aca - demia blues

Instr 1 | D | C G | D | C G ||

Verse 2

D C G
Lou - ise is a girl, I know her well
D C G
She's up on the pavement, yes she's a weather girl
D C G
And I'm staying up here so I may be un - done
D C G
She's inap - propriate, but then she's much more fun and

```
            Fmaj7      G             Fmaj7
Chorus 1    When she smiles my way
                          G
            My eyes go out in vain
                       F        G
            She's got perfect skin

            D                                 C         G
Verse 3     Shame on you, you've got no sense of grace
                         D        C      G
            Shame on me, ah just in case
                       D
            I might come to a conclusion
                          C                G                D
            Other than that which is absolutely ne - cessary
            C            G
            And that's perfect skin


Instr 2     | D        | C   G   | D        | C   G   ||

                   D                          C        G
Verse 4     Lou - ise is the girl with the perfect skin
                               D                          C             G
            She says turn on the light, otherwise it can't be seen
                          D                                  C           G
            She's got cheekbones like geometry and eyes like sin
                           D                          C            G
            And she's sexually enlightened by cosmopoli - tan and

            Fmaj7      G             Fmaj7
Chorus 2    When she smiles my way
                          G
            My eyes go out in vain
                       F        G
            For her perfect skin

            Yeah that's perfect skin
```

Instr 3

```
| D      | C  G | D      | C  G ||
|: E     | D  A | E      | D  A :|
```

Verse 5

```
                  D                        C          G
She takes me down to the basement to look at her slides
                   D          C       G
Of her family life, pretty weird at times
          D                         C     G
At the age of ten she looked like Greta Garbo
        D                C                G
And I loved her then, but how was she to know that?
```

Chorus 3

```
Fmaj7     G           Fmaj7
When she smiles my way
                G
My eyes go out in vain
           F       G
She's got perfect skin
```

Verse 6

```
    D                             C        G
Up eighty flights of stairs to a basement flat
                D
Pretty con - fused huh?
                     C         G
Feeling shaked a - round like that
            D                          C        G
Seems we climbed so high now we're down so low
                  D
Strikes me the moral of this song must be
G           C       D
There never has been one
```

Pretty In Pink

Words & Music by Richard Butler, John Ashton, Roger Morris,
Tim Butler, Duncan Kilburn & Vince Ely

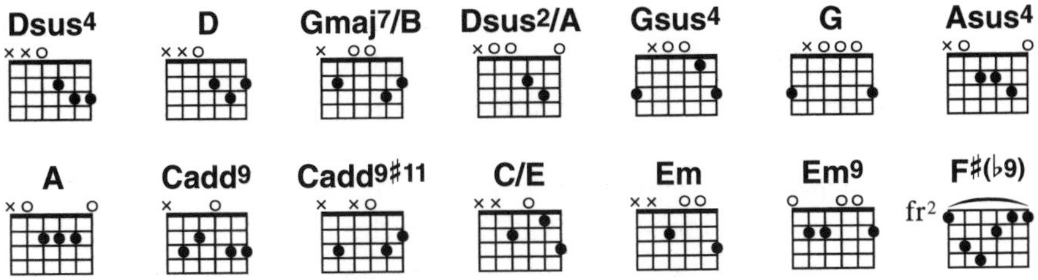

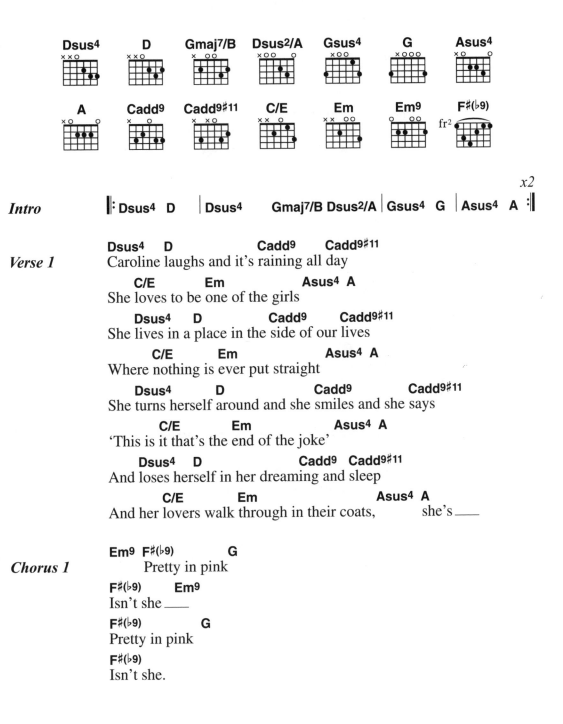

Intro ‖: Dsus4 D | Dsus4 Gmaj7/B Dsus2/A | Gsus4 G | Asus4 A :‖ *x2*

Verse 1

Dsus4 D Cadd9 Cadd9♯11
Caroline laughs and it's raining all day
C/E Em Asus4 A
She loves to be one of the girls
Dsus4 D Cadd9 Cadd9♯11
She lives in a place in the side of our lives
C/E Em Asus4 A
Where nothing is ever put straight
Dsus4 D Cadd9 Cadd9♯11
She turns herself around and she smiles and she says
C/E Em Asus4 A
'This is it that's the end of the joke'
Dsus4 D Cadd9 Cadd9♯11
And loses herself in her dreaming and sleep
C/E Em Asus4 A
And her lovers walk through in their coats, she's ___

Chorus 1

Em9 F♯(♭9) G
Pretty in pink
F♯(♭9) Em9
Isn't she ___
F♯(♭9) G
Pretty in pink
F♯(♭9)
Isn't she.

Verse 2

Dsus4 D Cadd9 Cadd9#11
All of her lovers all talk of her notes

C/E Em Asus4 A
And the flowers that they never sent

Dsus4 D Cadd9 Cadd9#11 C/E Em
And wasn't she ea - sy______________

Asus4 A Dsus4 D
Isn't she pretty in pink.

Cadd9 Cadd9#11 C/E Em
The one who insists he was first in the line

Asus4 A Dsus4 D
Is the last to remember her name

Cadd9 Cadd9#11 C/E Em
He's walking around in this dress that she wore

Asus4 A Em9
She is gone but the joke's the same.__________

Chorus 2

F#(b9) G
Pretty in pink

F#(b9) Em9
Isn't she,

F#(b9) G
Pretty in pink

F#(b9)
Isn't she.

Instrumental

||: Dsus4 D | Dsus4 Gmaj7/B Dsus2/A | Gsus4 G | Asus4 A :|| *x4*

Verse 3

Dsus4 D Cadd9 Cadd9#11
Caroline talks to you softly sometimes

C/E Em Asus4 A
She says 'I love you' and 'Too much'

Dsus4 D Cadd9 Cadd9#11 C/E Em
She doesn't have anything you want to steal, well,______

Asus4 A Dsus4
Nothing you can touch.

D Cadd9 Cadd9#11 C/E Em
She______ waves__________

Asus4 A
She buttons your shirt

Dsus4 D Cadd9
The traffic is waiting outside

Cadd9#11 C/E Em Asus4
She hands you this coat, she gives you her clothes

A Em9
These cars collide.

Chorus 3

```
F♯(♭9)          G
Pretty in pink
F♯(♭9)     Em9
Isn't she,
F♯(♭9)          G
Pretty in pink
F♯(♭9)
Isn't she.
```

Outro

```
                                                        x8
‖: Dsus4  D  | Dsus4    Gmaj7/B Dsus2/A | Gsus4  G | Asus4  A :‖

| D          ‖  ad lib. vocals
```

Pride (In The Name Of Love)

Words & Music by U2

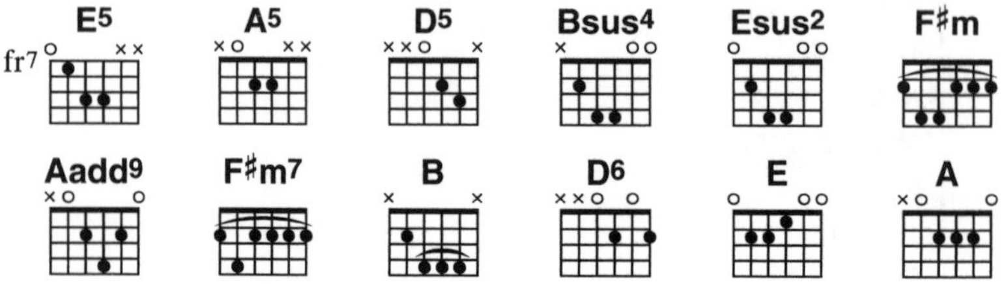

2 bar count in

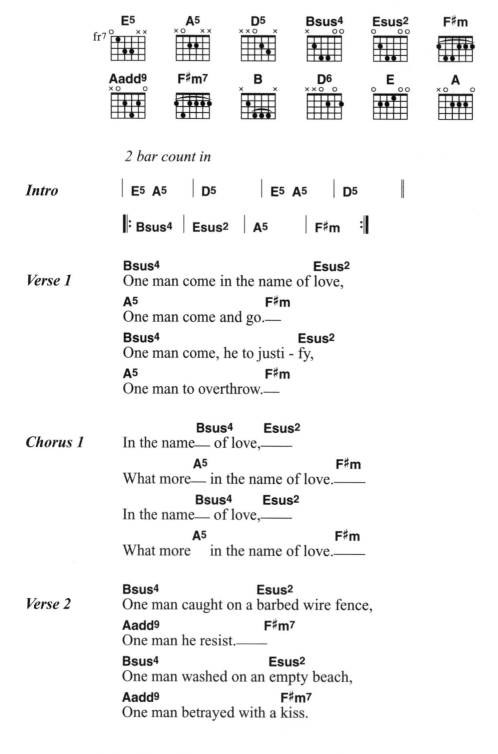

Intro | E5 A5 | D5 | E5 A5 | D5 ||

|: Bsus4 | Esus2 | A5 | F♯m :|

Verse 1

Bsus4 Esus2
One man come in the name of love,
A5 F♯m
One man come and go.—
Bsus4 Esus2
One man come, he to justi - fy,
A5 F♯m
One man to overthrow.—

Chorus 1

Bsus4 Esus2
In the name— of love,——
A5 F♯m
What more— in the name of love.——
Bsus4 Esus2
In the name— of love,——
A5 F♯m
What more in the name of love.——

Verse 2

Bsus4 Esus2
One man caught on a barbed wire fence,
Aadd9 F♯m7
One man he resist.——
Bsus4 Esus2
One man washed on an empty beach,
Aadd9 F♯m7
One man betrayed with a kiss.

Chorus 2 As Chorus 1

Instrumental

```
|: B      | D6     | E     | E      :|
| Bsus4   | Esus2  | A     | F#m7    |
| Bsus4   | Esus2  | A     | F#m7    ||
                              (Mm,)

        | Bsus4       | Esus2       | Aadd9           | F#m7  ||
Mm, mm, mm, mm, mm, mm, mm, mm, mm, mm, mm.
```

Verse 2

```
Bsus4              Esus2
   Early morning, April four,
Aadd9                F#m7
Shot rings out in the Memphis sky.
Bsus4                 Esus2
   Free at last, they__ took your life,
      Aadd9                        F#m7
They could not take your pride.______
```

Chorus 3

```
                Bsus4      Esus2
In the name__ of love,_____
                Aadd9                       F#m7
What more__ in the name of love._____
                Bsus4      Esus2
In the name__ of love,_____
                Aadd9                            F#m7
What more         in the name of love._____
```

Chorus 4 As Chorus 3

Outro

```
|: Bsus4 | Esus2 | Aadd9 | F#m7 :|
```

Play 4 times to fade w/vocal ad lib.

Rapture

Words by Deborah Harry
Music by Chris Stein

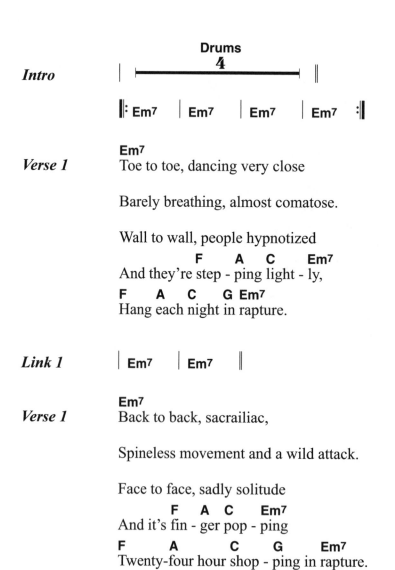

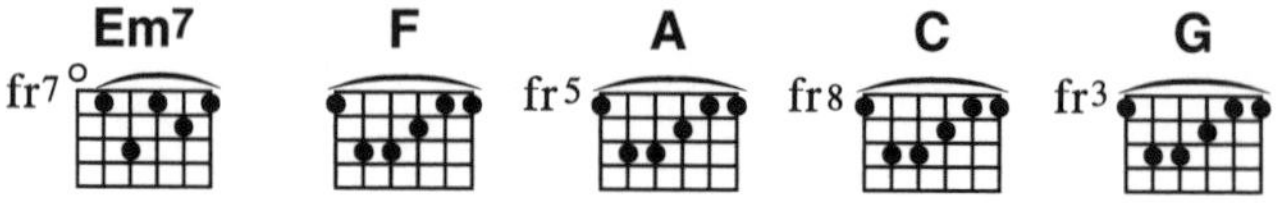

Drums
4

Intro | 4 bars drums ||

|: Em7 | Em7 | Em7 | Em7 :|

Verse 1

Em7
Toe to toe, dancing very close

Barely breathing, almost comatose.

Wall to wall, people hypnotized

F A C Em7
And they're step - ping light - ly,

F A C G Em7
Hang each night in rapture.

Link 1 | Em7 | Em7 ||

Verse 1

Em7
Back to back, sacrailiac,

Spineless movement and a wild attack.

Face to face, sadly solitude

F A C Em7
And it's fin - ger pop - ping

F A C G Em7
Twenty-four hour shop - ping in rapture.

Link 2 | Em7 | Em7 ||

Rap 1

Em7
Fab Five Freddie told me everybody's fly

DJ's spinning, I said "My, my."

Flash is fast, Flash is cool

Francois, c'est pas flashe et non due

And you don't stop, sure shot

Go out to the parking lot

And you get in your car and you drive real far

And you drive all night and then you see a light

And it comes right down and lands on the ground

And out comes a man from Mars

And you try to run but he's got a gun

And he shoots you dead and he eats your head

And then you're in the man from Mars

You go out at night, eatin' cars

You eat Cadillacs, Lincolns too

Mercurys and Subarus

And you don't stop, you keep on eatin' cars

Then, when there's no more cars

You go out at night and eat up bars where the people meet

Face to face, dance cheek to cheek

One to one, man to man

cont. Dance toe to toe, don't move to slow,

'Cause the man from Mars is through with cars,

He's eatin' bars

Yeah, wall to wall, door to door, hall to hall

He's gonna eat 'em all

Rapture, be pure

Take a tour, through the sewer

Don't strain your brain,

Paint a train

You'll be singin' in the rain

I said don't stop, do punk rock.

Instrumental ‖: **Em7** | **Em7** | **Em7** | **Em7** :‖

```
                 Em7
Verse 3          Man to man, body muscular

                 Seismic decibel by the jugular

                 Wall to wall technology
                          F      A  C     Em7
                 And a digi - tal lad - der
                 F   A       C   G       Em7
                 No sign of bad luck in rapture.
```

Link 3 | Em7 | Em7 | Em7 | Em7 |

Rap 2

Em7
Well now you see what you wanna be

Just have your party on TV

'Cause the man from Mars won't eat up bars where the TV's on

And now he's gone back up to space

Where he won't have a hassle with the human race

And you hip-hop, and you don't stop

Just blast off, sure shot

'Cause the man from Mars stopped eatin' cars and eatin' bars

And now he only eats guitars, get up!

Outro ||: Em7 | Em7 | Em7 | Em7 :|| *Repeat to fade*

Raspberry Beret

Words & Music by Prince

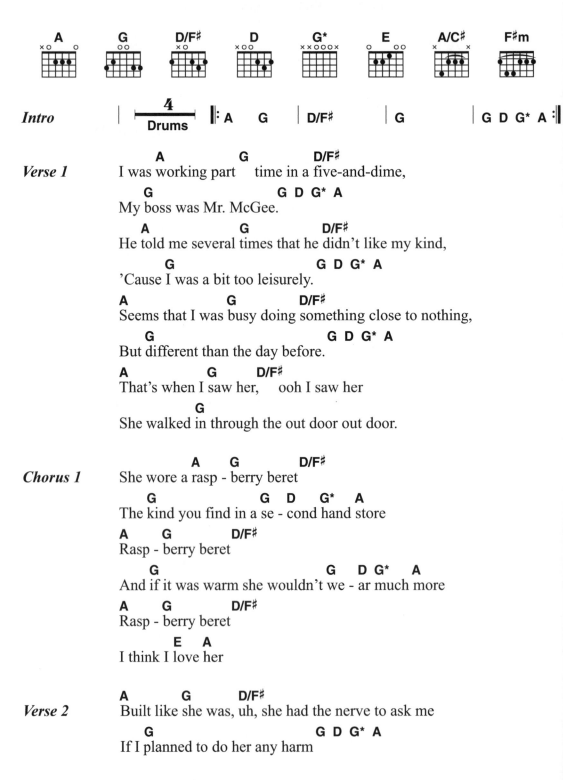

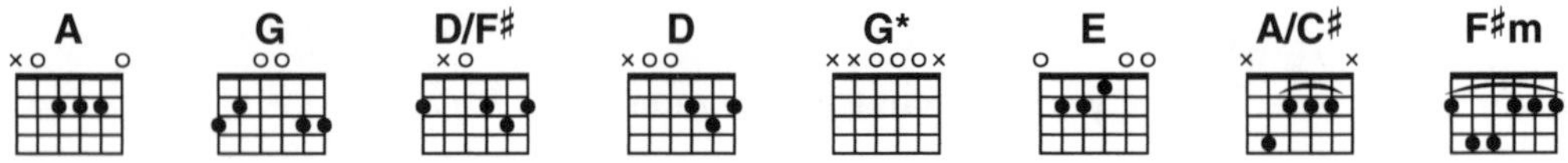

Intro | 4 Drums |: A G | D/F♯ | G | G D G* A :|

Verse 1

A G D/F♯
I was working part time in a five-and-dime,
G G D G* A
My boss was Mr. McGee.
A G D/F♯
He told me several times that he didn't like my kind,
G G D G* A
'Cause I was a bit too leisurely.
A G D/F♯
Seems that I was busy doing something close to nothing,
G G D G* A
But different than the day before.
A G D/F♯
That's when I saw her, ooh I saw her
G
She walked in through the out door out door.

Chorus 1

A G D/F♯
She wore a rasp - berry beret
G G D G* A
The kind you find in a se - cond hand store
A G D/F♯
Rasp - berry beret
G G D G* A
And if it was warm she wouldn't we - ar much more
A G D/F♯
Rasp - berry beret
E A
I think I love her

Verse 2

A G D/F♯
Built like she was, uh, she had the nerve to ask me
G G D G* A
If I planned to do her any harm

cont.

```
                A                    G                    D/F♯
So look here,   I put her on the back of my bike and uh, we went riding
            G                               G  D  G*  A
Down by old man Johnson's farm
               A        G          D/F♯
I said now, overcast days never turned me on
     G                                    G  D  G*  A
But something about the clouds and her mixed
A    G       D/F♯
She  wasn't too bright but I could tell
G
When she kissed me

She knew how to get her kicks
```

Chorus 2

As Chorus 1

Bridge 1

```
D               A/C♯          D                   A/C♯
   The rain sounds cool    when it hits the barn roof,
D                       A/C♯                 D  A/C♯
   And the horses wonder who you are.
D                     A/C♯                 D    A/C♯
Thunder drowns out what the lightning sees
      D   A/C♯            D  A/C♯
You feel like a movie star
         G                 F♯m       E
Listen,    they say the first time    ain't the greatest
               D               A/C♯                D     A/C♯
But I tell ya,    if I had the chance to do it all a - gain
  G                          F♯m
I wouldn't change a stroke 'cause baby I'm the most,
         E
With a girl as fine as she was then.
```

Chorus 3

```
                 A      G          D/F♯
𝄆 She wore a rasp - berry beret
     G                     G   D    G*   A
The kind you find in a se - cond hand store
A    G          D/F♯
Rasp - berry beret
     G                                 G    D  G*    A
And if it was warm she wouldn't we - ar much more
A    G          D/F♯
Rasp - berry beret
E                        A
   I think I, I think I,    I think I love her 𝄇
```

Repeat to fade

Relax

Words & Music by Peter Gill, Holly Johnson & Mark O'Toole

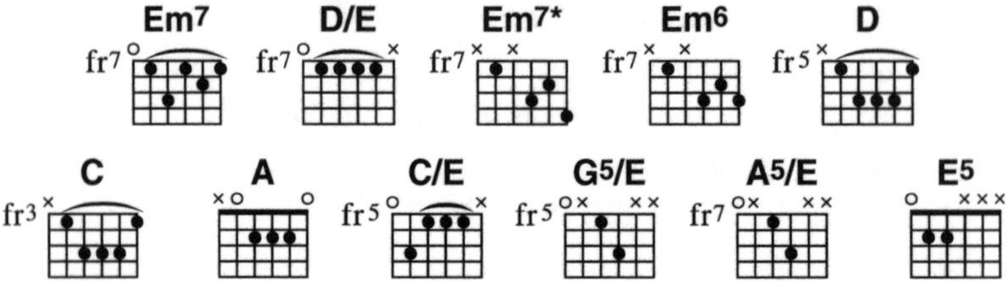

Intro

Em7
My___

Give it to me one time now.

D/E
Well,___

Em7
Woah,___

D/E
Well,___

Now.___

Chorus 1

Em7
Re - lax, don't do it when you want to go to it,

D/E
Re - lax, don't do it when you want to come.

Em7
Re - lax, don't do it when you want to suck to it,

D/E
Re - lax don't do it,

Em7 Em7* Em6 Em7
When you want to come,

Em7* Em6 Em7
When you want to come.

Chorus 2

```
       Em7
Re - lax, don't do it when you want to go to it,
       D/E
Re - lax, don't do it when you want to come.
       Em7
Re - lax, don't do it when you want to suck to it,
       D/E
Re - lax, don't do it,
                   Em7
When you want to come.
```

Link 1

```
Em7* Em6 Em7
Ah______come.
Em7* Em6 Em7 Em6 Em7
Woah.__________
```

Bridge

```
      Em7
But shoot it in the right direction,
       D
Make making it your intention.
C
Live those dreams,

Scheme those schemes,
        A
Got to hit me,

Hit me,

Hit me with those laser beams.
```

Link 2

Em7 Em7* Em6
Aw aw aw
Em7 Em7* Em6
Laser beams
Em7 Em7* Em6
Ah ah ah
Em7 Em7* Em6
One, Two.

Chorus 3

Em7 D/E
Re - lax,

Don't do it,
C/E D/E
Re - lax,
Em7
When you want to come.

Come.

Link 3

Em7 Em7* Em6
Woo,
Em7 Em7* Em6
Ah, ah, ah, ah, ah, ah, ah,
Em7 Em7* Em6
I'm coming, I'm coming, hey, hey, hey, hey, hey.
Em7 Em7* Em6
Hah, hah, hah.

Chorus 4

Em7
Re - lax don't do it when you want to go to it,
D/E
Re - lax don't do it when you want to come,
Em7
Re - lax don't do it when you want to suck to it,
D/E
Re - lax don't do it,
G5/E A5/E E5
When you want to come,
G5/E A5/E E5
When you want to come,
G5/E A5/E E5
When you want to come.
E5
Come.
N.C.
Huh!

Instrumental | **Em7** | **Em7** | **Em7* Em6** | **Em7** |

| **Em7* Em6** | **Em7** | **Em7* Em6** | **Em7** ||

Chorus 5

Em7
Re - lax, don't do it when you want to go to it,
D/E
Re - lax, don't do it.
Em7
Re - lax, don't do it when you want to suck to it,
D/E
Re - lax, don't do it.

Em7
(Synth and FX outro)

Rent

Words & Music by Neil Tennant & Chris Lowe

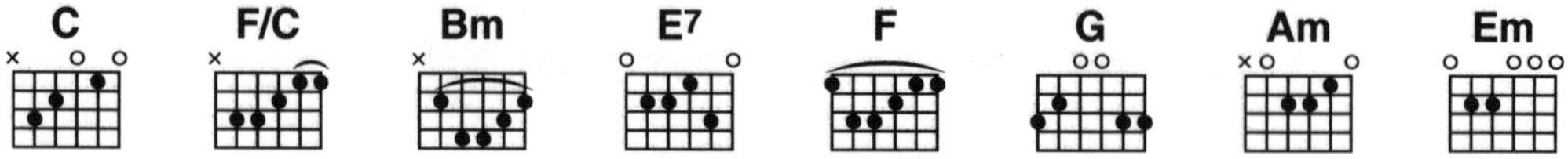

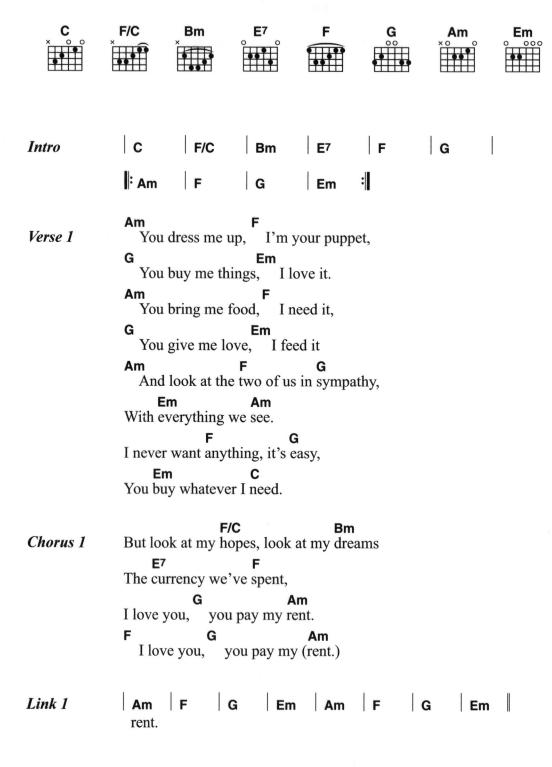

```
Intro       | C    | F/C   | Bm   | E7   | F    | G    |

            ||: Am | F     | G    | Em   :||

            Am                F
Verse 1       You dress me up,   I'm your puppet,
            G                 Em
              You buy me things,   I love it.
            Am                 F
              You bring me food,   I need it,
            G                 Em
              You give me love,   I feed it
            Am                F          G
              And look at the two of us in sympathy,
                 Em                Am
            With everything we see.
                          F           G
            I never want anything, it's easy,
                 Em           C
            You buy whatever I need.

                                   F/C                 Bm
Chorus 1    But look at my hopes, look at my dreams
               E7                F
            The currency we've spent,
                       G             Am
            I love you,    you pay my rent.
            F             G                Am
              I love you,    you pay my (rent.)

Link 1      | Am | F | G | Em | Am | F | G | Em ||
              rent.
```

Verse 2

```
Am                         F
   You phone me in the evening
  G               Em
On hearsay, and bought me caviar.
                     F              G
You took me to a restaurant off Broadway
  Em              C
To tell me who you are.
```

Chorus 2

```
                  F/C               Bm
We never ever argue, we never calculate
   E7                F
The currency we've spent,
            G                Am
I love you,     you pay my rent.
F              G                Am
   I love you,     you pay my rent.
F                    G  Em  Am        F  G  Em
   I'm your puppet,          I love it.
```

Verse 3

```
Am                    F              G
   And look at the two of us in sympathy,
   Em                  Am
And sometimes ecsta - sy,
                   F                       G
Words mean so little and money less,
                 Em          C
When you're lying next to me.
```

Chorus 3

```
                   F/C                Bm
But look at my hopes, look at my dreams
   E7                F
The currency we've spent,
            G                Am
I love you,     you pay my rent.
F                  G               Am
Oh, I love you,     you pay my (rent.)
```

Link 1

```
| Am      | F       | G       | Em      ||
  rent.
```

```
                C                F/C              Bm
*Chorus 4*        But look at my hopes, look at my dreams
                  E7              F
                The currency we've spent,
                          G              Am
                I love you,   you pay the rent.

                F            G              Am
*Outro*           I love you,   you pay the rent (It's easy, it's so easy)
                F            G              Am
                  I love you,   you pay the rent (It's easy, it's so easy)
                F            G              Am
                               You pay the rent (It's easy, it's so easy)  Fade out
```

Rock The Casbah

Words & Music by The Clash

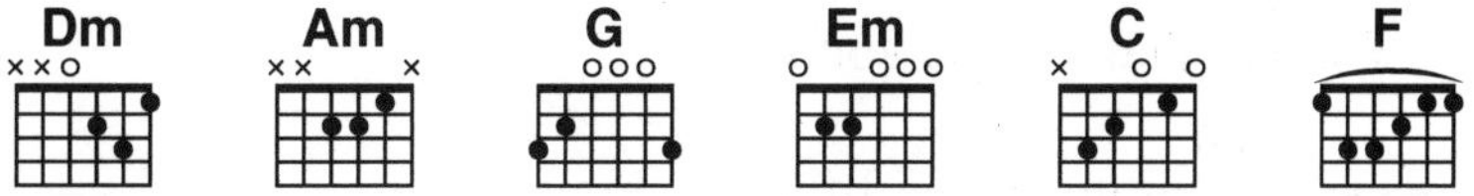

Intro ||: Dm | Am G | Em F | Em C :||

Verse 1

Am   Em
Now the king told the boogie men,
G   Dm
You have to let that raga drop.
Am   Em
The oil down the desert way,
G   Dm
Has been shaken to the top.
Am   Em
The sheik he drove his Cadillac,
G   Dm
He went a-cruisin' down the ville.
Am   Em
The muezzin was a-standing.
F   N.C.   F N.C.
On the radia - tor grille.

Chorus 1

Dm | Am G |
The shariff don't like it,
Em   F   Em   C
Rockin' the Casbah, rock the Casbah.
Dm | Am G |
The shariff don't like it,
Em   F   Em   C
Rockin' the Casbah, rock the Casbah

```
            Am                   Em
Verse 2     By order of the prophet,
             G                     Dm
            We ban that boogie sound.
              Am                   Em
            De - generate the faithful,
                    G                      Dm
            With that crazy Casbah sound.
                  Am                              Em
            But the Bedouin they brought out, the electric camel drum.
             G                           Dm
            The local guitar picker, got his guitar picking thumb.
            Am                     Em
            As soon as the sheriff, had cleared the square.
F                N.C.       F N.C.
            They be - gan to wail.___
```

Chorus 2 As Chorus 1

```
               Am                    N.C.
Verse 3     Now over at the temple,
             Am                      N.C.
            Oh, They really pack 'em in.
             Am                     N.C.
            The in crowd say it's cool.
                      Am          N.C.
            To dig this chanting thing.
                     F                          N.C.
            But as the wind changed direction,
             F                    N.C.   G
            The temple band took five.
             Am                     N.C.
            The crowd caught a whiff,
            Am                   N.C.
            Of that crazy Casbah jive.
```

Chorus 2 As Chorus 1

Verse 4

```
        Am                                   Em
The king called up his jet fighters,
                  G                             Dm
He said you better earn your pay.
               Am                                     Em
Drop your bombs between the minarets,
             G              Dm
Down the Casbah way.
   Am                           Em
As soon as the shariff was chauffeured outta there,
   G                              Dm
The jet pilots tuned to the cockpit radio blare.
   Am                     Em
As soon as the shariff was outta their hair.
     F         N.C.    F N.C.
The jet pi - lots wailed.__
```

Chorus 4

```
         Dm                       | Am  G |
||: The shariff don't like it,
Em          F          Em        C
Rockin' the Casbah, rock the Casbah.
     Dm                       | Am  G |
The shariff don't like it,
Em          F          Em        C
Rockin' the Casbah, rock the Casbah :||
```

Repeat to fade

Rock This Town

Words & Music by Brian Setzer

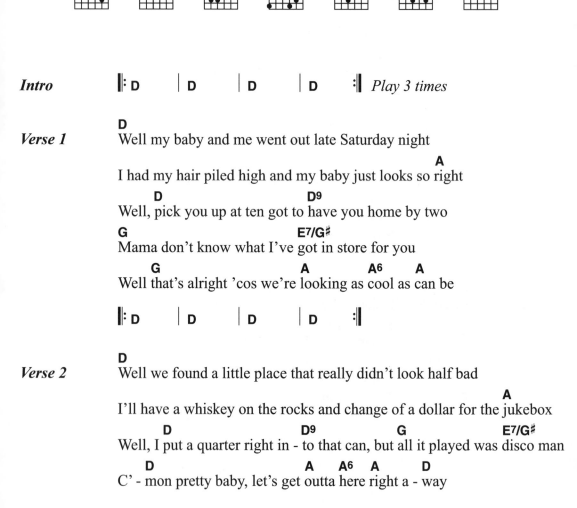

Intro | ‖: D | D | D | D :‖ *Play 3 times*

Verse 1

```
D
Well my baby and me went out late Saturday night
                                                        A
I had my hair piled high and my baby just looks so right
     D                    D9
Well, pick you up at ten got to have you home by two
G                      E7/G♯
Mama don't know what I've got in store for you
     G                    A          A6     A
Well that's alright 'cos we're looking as cool as can be
```

‖: D | D | D | D :‖

Verse 2

```
D
Well we found a little place that really didn't look half bad
                                                               A
I'll have a whiskey on the rocks and change of a dollar for the jukebox
      D                  D9          G                 E7/G♯
Well, I put a quarter right in - to that can, but all it played was disco man
    D                  A   A6  A     D
C' - mon pretty baby, let's get outta here right a - way
```

Chorus 1

We're gonna rock this town, rock it inside out

A7
We're gonna rock this town, make 'em scream and shout

D D9
Let's rock, rock, rock man rock

G E7/G#
We're gonna rock 'til we pop, We're gonna rock 'til we drop

D A A6 A D
We're gonna rock this town, rock it in - side out

Instr

| D | D | D | D |

| D | D9 | G | E7/G# ||

||: D | D | D | D :||

Verse 3

Well we're having a ball just bopping on the big dance floor

A7
Well there's a real square cat he looks nineteen seventy four

D D9
Well, you look at me once, you look at me twice

G E7/G#
You look at me again there's gonna be a fight

D A A6 A D
We're gonna rock this town, we're gonna rip this place apart

Chorus 2

We're gonna rock this town, rock it inside out

A7
We're gonna rock this town, make 'em scream and shout

D D9
Let's rock, rock, rock man rock

G E7/G#
We're gonna rock 'til we pop, We're gonna rock 'til we drop

D A A6 A D
||: We're gonna rock this town, rock it in - side out

A A6 A D
We're gonna rock this town, rock it in - side out___ :||

| D6/9 ||

Sharp Dressed Man

Words & Music by Billy Gibbons, Dusty Hill & Frank Beard

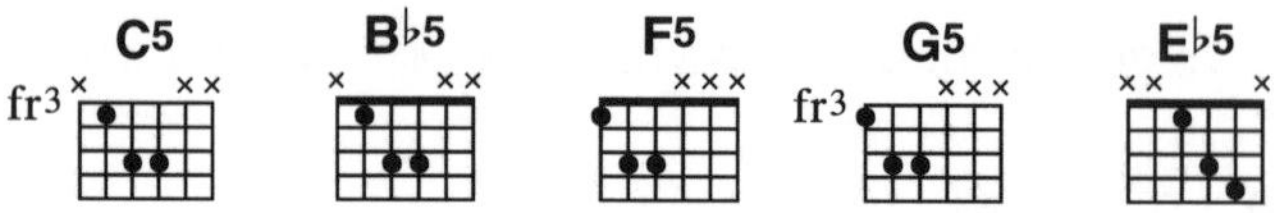

Intro 𝄆 C5 | C5 | C5 | C5 𝄇 *Play 3 times*

Verse 1

C5
Clean shirt, new shoes
B♭5 F5
And I don't know where I am going to
C5
Silk suit,black tie
B♭5 F5
I don't need a reason why

Chorus 1

G5
They come running just as fast as they can
C5 E♭ B♭
'Cos every girl crazy 'bout a sharp dressed man

| C5 | C5 | C5 | C5 ‖

Verse 2

C5
Gold watch, diamond ring
B♭5 F5
I ain't missing not a single thing
C5
And cufflinks, stick pin
B♭5 F5
When I step out I'm gonna do you in

	G5
Chorus 2	They come running just as fast as they can
	C5 ... **E♭ B♭**
	'Cos every girl crazy 'bout a sharp dressed man

Instr 1

𝄆 C5 | C5 | C5 | C5 𝄇 *Play 4 times*

| C5 | C5 | C5 | C5 B♭5 G5 |

| F5 | F5 | C5 | B♭5 G5 |

𝄆 C5 | C5 | C5 | C5 𝄇

	C5
Verse 3	A top coat, top hat
	B♭5 ... **F5**
	And I don't worry 'cos my wallet's fat
	C5
	Black shades, white gloves
	B♭5
	Lookin' sharp and looking for love

	G5
Chorus 3	They come running just as fast as they can
	C5 ... **E♭ B♭**
	'Cos every girl crazy 'bout a sharp dressed man

Instr 2

𝄆 C5 | C5 | C5 | C5 𝄇 *Play 5 times*

𝄆 F5 | F5 | F5 | F5 |

| C5 | C5 | C5 | C5 𝄇 *Repeat to fade*

Sign Your Name

Words & Music by Terence Trent D'Arby

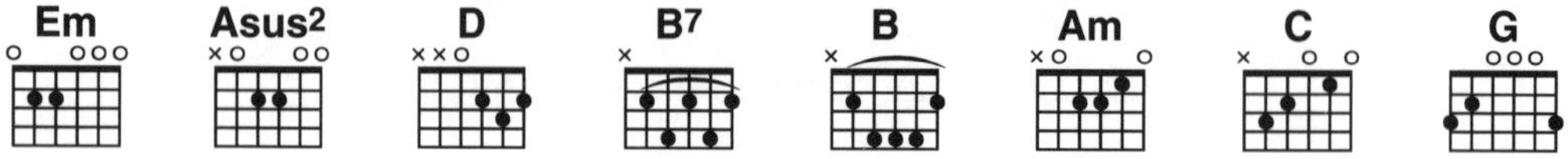

Capo second fret

Intro |: Em | Em | Asus2 | Asus2 :| D | B7 ||

Verse 1
B Am B7
Fortunately you have got
Em
Someone who relies on you
B Am
We started out as friends
B7 Em
But the thought of you just caves me in
B Am
The symptoms are so deep
B7 Em
It is much too late to turn away
B Am B7
We started out as friends

Chorus 1
Em
Sign your name across my heart
Asus2
I want you to be my baby
Em
Sign your name across my heart
Asus2 D B7
I want you to be my lady

Verse 2
B Am
Time I'm sure will bring
B7 Em
Disap - pointments in so many things
B Am
It seems to be the way
B7 Em
When your gambling cards on love you play
B Am B7 Em
I'd rather be in Hell with you baby

Verse 2

```
Than in cool heaven
  B                Am     B7
It seems to be the way
```

Chorus 2

As Chorus 1

Bridge 1

```
C                G            B7
   Birds never look into the sun
           Em
Before the day is gone
C                        G
   But oh the light shines brighter
                B7
On a peaceful day
C            G              B7
   Stranger blue leave us a - lone
                     Em
We don't want to deal with you
C                     G
   We'll shed our stains showering
B7
In the room that makes the rain
```

Instr.

```
||: Em   | Em   | Asus2  | Asus2 :|| D     | B7    ||
```

Verse 3

```
B             Am
All alone with you
B7         Em
   Makes the butterflies in me arise
B               Am
Slowly we make love
B7        Em
   And the Earth rotates to our dictates
B               Am  B7  | N.C. | N.C. | N.C. | N.C. |
Slowly we make love
```

Chorus 3

```
    Em
||: Sign yur name across my heart
  Asus2
I want you to be my  baby
Em
Sign yur name across my heart
  Asus2
I want you to be my lady  :||   Repeat to fade
```

Self Control

Words by Stephen Piccolo
Music by Giancarlo Bigazzi & Raffaele Riefolo

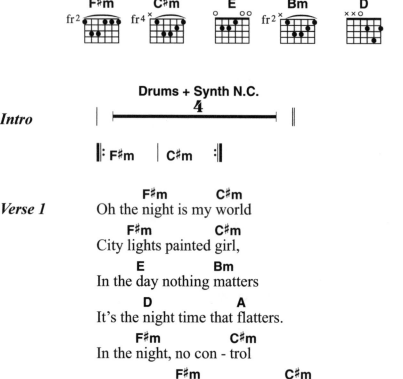

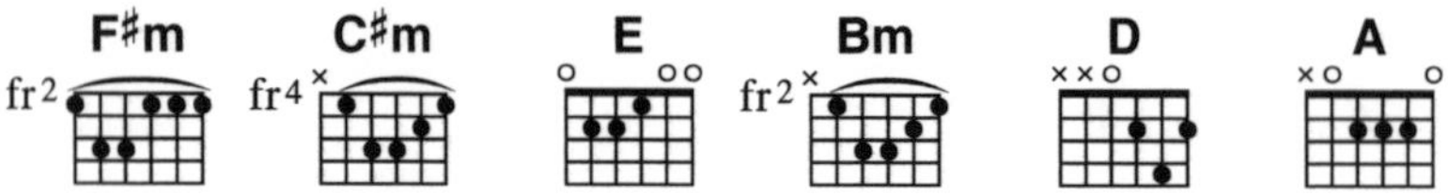

Intro

Drums + Synth N.C.
| 4 ||

|: F♯m | C♯m :|

Verse 1

F♯m C♯m
Oh the night is my world
F♯m C♯m
City lights painted girl,
E Bm
In the day nothing matters
D A
It's the night time that flatters.
F♯m C♯m
In the night, no con - trol
F♯m C♯m
Through the wall something's breaking,
E Bm
Wearing white as you're walkin'
D A
Down the street of my soul.

Verse 2

F♯m C♯m
You take my self, you take my self control,
F♯m C♯m
You got me livin' only for the night,
E Bm
Before the morning comes, the story's told,
D A
You take my self, you take my self control.
F♯m C♯m
Another night, another day goes by,

```
            F#m                     C#m
cont.         I never stop myself to wonder why,
            E                         Bm
              You help me to forget to play my role,
            D                                  A
              You take my self, you take my self control.

            F#m   C#m                          F#m
Chorus 2    I, I live among the creatures of the night,
              C#m                        E
            I haven't got the will to try and fight,
               Bm                        D
            A - gainst a new tomorrow, so I guess I'll just believe it
                     A
            That to - morrow never comes.
                 F#m       C#m                        F#m
            A safe night, I'm living in the forest of my dream,
              C#m                           E
            I know the night is not as it would seem,
              Bm                            D
            I must believe in something, so I'll make myself believe it,
                      A
            That this night will never go.

                      F#m
Link 1      Oh-oh-oh,
                      C#m
            Oh-oh-oh,
                      F#m
            Oh-oh-oh,
                      C#m
            Oh-oh-oh
            N.C.
            Oh-oh-oh, oh-oh-oh, oh-oh-oh, oh-oh-oh

                   F#m        C#m
Verse 3     Oh the night is my world
                 F#m          C#m
            City lights painted girl
                  E          Bm
            In the day nothing matters
                  D             A
            It's the night time that flatters.
```

Chorus 2

```
F#m  C#m                                      F#m
I, I live among the creatures of the night
  C#m                                  E
I haven't got the will to try and fight
     Bm                                D
A - gainst a new tomorrow, so I guess I'll just believe it
               A
That to - morrow never knows.
             F#m          C#m                          F#m
A safe night, I'm living in the forest of a dream
  C#m                                        E
I know the night is not as it would seem
  Bm                                          D
I must believe in something, so I'll make myself believe it
               A
That this night will never go.
```

Link 2

```
              F#m
Oh-oh-oh,
              C#m
Oh-oh-oh,
              F#m
Oh-oh-oh,
              C#m
Oh-oh-oh,

Oh-oh-oh__
```

Outro

```
   F#m                                   C#m
𝄆     You take my self, you take my self control
F#m                                   C#m
   You take my self, you take my self control
F#m                                   C#m
   You take my self, you take my self control.__ 𝄇 Repeat to fade
```

So Lonely

Words & Music by Sting

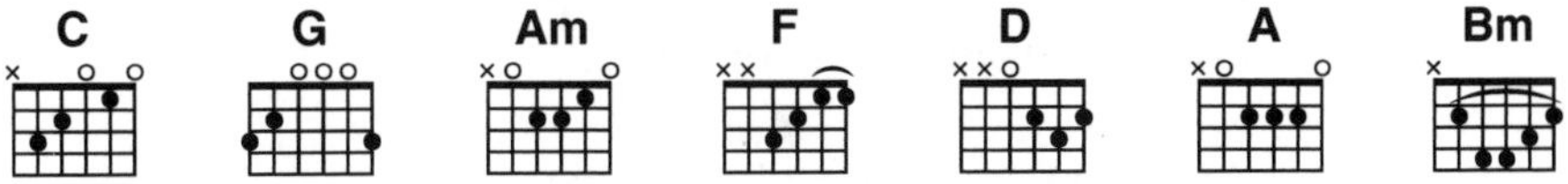

Verse 1

C G Am F
Well someone told me yesterday
C G Am F
That when you throw your love away
C G Am F
You act as if you just don't care,
C G Am F
You look as if you're going somewhere.
C G Am F
But I just can't convince myself,
C G Am F
I couldn't live with no-one else,
C G Am F
And I can only play that part
C G Am F
And sit and nurse my broken heart.

Chorus 1

C G Am F
So lonely, so lonely, so lonely,
C G Am F
So lonely, so lonely, so lonely,
C G Am F
So lonely, so lonely, so lonely,
C G Am F
So lonely, so lonely, so lonely.

Verse 2

```
C          G                        Am          F
     Now no-one's knocked upon my door
C    G                Am          F
     For a thousand years or more.
C      G                  Am       F
     All made up and nowhere to go,
C    G                 Am          F
     Welcome to this one man show.
C         G                  Am        F
     Just take a seat, they're always free,
C    G               Am       F
     No surprise, no mystery.
C           G             Am          F
     In this theatre that I call my soul,
C     G                 Am          F
     I always play the starring role.
```

Chorus 2

```
C             G             Am          F
  So lonely,   so lonely,   so lonely,
C             G             Am          F
  So lonely,   so lonely,   so lonely,
C             G             Am          F
  So lonely,   so lonely,   so lonely,
C             G             Am          F
  So lonely,   so lonely,   so lonely.
```

Instrumental

```
||: D        | A          | Bm         | G          :||  Play 7 times
|   D        | A          | Bm         | G          ||
                                          So lonely,
```

Outro

```
    D             A             Bm           G
||: so lonely,   so lonely,   so lonely.            :||  Repeat to fade
```

cont. But you can sell your soul,

And the closest thing to Heaven is to rock and roll.

Guitar solo

| F | F | C | C |
| F | F | E | E ||

Chorus 3

```
F
Somewhere in my heart
            E
There is a star that shines for you,
F
Silver splits the blue,
C
Love will see it through.
    F
And somewhere in my heart
              E
There is the will to set you free,
F                  Fm  C
All you've got to be is true.
F
Somewhere in my heart
            E
There is a star that shines for you,
F
Silver splits the blue,
C
Love will see it through.
    F
And somewhere in my heart
              E
There is the will to set you free,
F                  Fm  C
All you've got to be is true.
```

Outro

F	F	E	E
F	F	C	C
F	F	E	E
F	Fm	C	C || *To fade*

Sometimes

Words & Music by Vince Clarke & Andy Bell

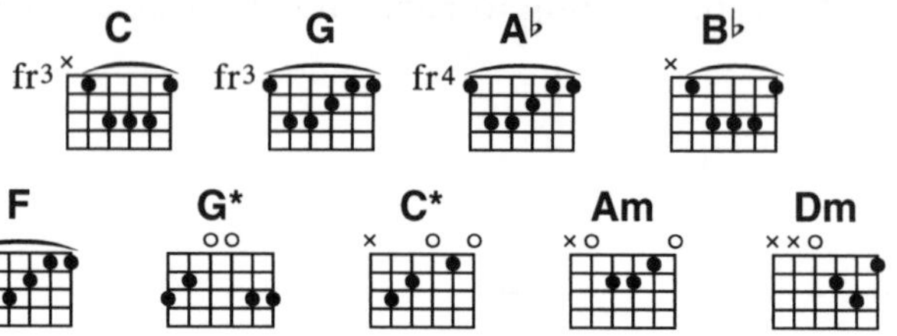

Intro

Freely

| A♭ | B♭ |

In tempo

| C | G | A♭ | B♭ |

| C | G | B♭ | F ‖

Verse 1

G* F C*
It's not the way you lead me by the hand into the bedroom.
G* F C*
O-o-oh, o-o-oh, o-o-oh, o-o-oh
G* F C*
It's not the way you throw your clothes up - on the bathroom floor.
G* F C*
O-o-oh, o-o-oh, o-o-oh, o-o-oh.

Pre-chorus

Am Dm
Been thinking about you, I just couldn't wait to see
B♭ F G*
Fling my arms a - round you as we fall in ecstasy.

Chorus 1

C G
Ooh, sometimes,
A♭ B♭
The truth is harder than the pain inside, yeah.
C G
Ooh, sometimes,
B♭ F
It's the broken heart that decides.

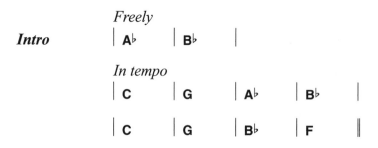

```
           G*                                   F                C*
Verse 2    It's not the way that you caress and toy with my af - fection.
             G*               F        C*
           O-o-oh, o-o-oh, o-o-oh, o-o-oh
           G*                                   F                 C*
           It's not my sense of emptiness you fill with your de - sire.
             G*               F        C*
           O-o-oh, o-o-oh, o-o-oh, o-o-oh

              Am                                     Dm
Pre-chorus 2  Climb in bed beside me, we can lock the world outside.
              B♭             F                   G*
              Touch me, satis - fy me, warm your body next to mine.

           C   G
Chorus 2   Ooh, sometimes,
              A♭                                        B♭
           The truth is harder than the pain inside,        yeah.
           C   G
           Ooh, sometimes,
           B♭                          F
           It's the broken heart that decides.

Instrumental  ||: G*            | F         C*      |
              | G*              | F         C*     :||
              (O-o-oh, o-o-oh,    o-o-oh, o-o-oh.)
              | Am     | Dm     | B♭  F   | G*      |
              | C      | G      | A♭      | B♭      ||

           C   G
Chorus 3   Ooh, sometimes,
              A♭                                        B♭
           The truth is harder than the pain inside,        yeah.
           C   G
           Ooh, sometimes,
           B♭                          F
           It's the broken heart that decides.
```

Repeat Choruses to fade

Somewhere In My Heart

Words & Music by Roddy Frame

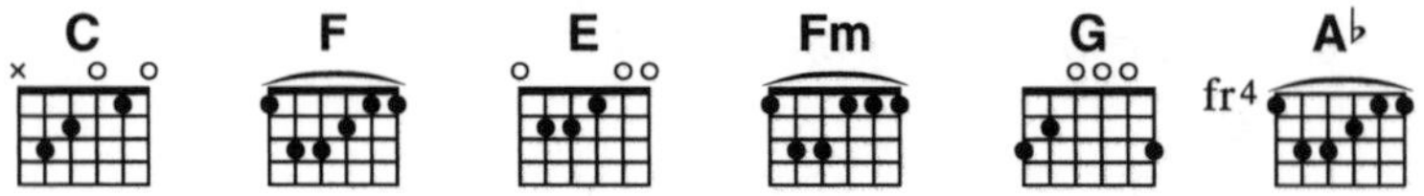

Intro *Brass section intro.* – *N.C.*

Verse 1

```
C
Summer in the city where the air is still,

A baby being born to the overkill.
F
   Who cares what people say?

We walk down love's motorway.
       C
Am - bition and love wearing boxing gloves,

And singing hearts and flowers.
```

Chorus 1

```
    F
But somewhere in my heart
             E
There is a star that shines for you,
F
Silver splits the blue,
C
Love will see it through.
    F
And somewhere in my heart
               E
There is the will to set you free,
F                  Fm   C
All you've got to be is true.
```

```
                 C
*Verse 2*        A star above the city in the northern chill,

                 A baby being born to the overkill,
                 F
                   No say, no place to go,

                 A T.V. and a radio.
                    C
                 Am - bition and love wearing boxing gloves

                 And singing hearts and flowers.

                     F
*Chorus 2*       But somewhere in my heart
                           E
                 There is a star that shines for you,
                 F
                 Silver splits the blue,
                 C
                 Love will see it through.
                     F
                 And somewhere in my heart
                              E
                 There is the will to set you free,
                 F                  Fm  C
                 All you've got to be is true.

                 G
*Bridge*           Who could heal

                 What's never been as one?
                         Fm
                 And our hearts have been torn

                 Since the day we were born
                         E
                 Just like   anyone.
                 A♭
                   From Westwood to Hollywood

                 The one thing that's understood
                           G
                 Is that you can't buy time
```

Summer Of '69

Words & Music by Bryan Adams & Jim Vallance

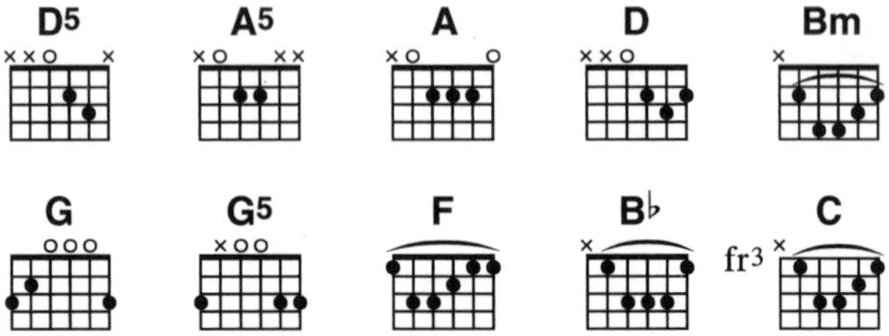

Intro | D5 | D5 ||

Verse 1

D5 A5
I got my first real six-string, bought it at the five-and-dime.
D5 A
Played it 'til my fingers bled, it was the summer of sixty-nine.

Verse 2

D A
Me and some guys from school had a band and we tried real hard.
D
Jimmy quit and Jody got married,
A
I should've known we'd never get far.

Chorus 1

Bm A
Oh, when I look back now,
D G
That summer seemed to last forever,
Bm A
And if I had the choice
D G
Yeah, I'd always wanna be there.
Bm A D(riff) A
Those were the best days of my life.

Verse 3

D A
Ain't no use in complainin' when you got a job to do.
D
Spent my evenings down at the drive-in,
A
And that's when I met you, yeah!

Chorus 2

```
Bm                        A
   Standin' on your Mama's porch,
D                                G
   You told me that you'd wait forever.
Bm                          A
   Oh, and when you held my hand
D                          G
   I knew that it was now or never.
Bm                     A                    D(riff)   A
   Those were the best days of my life, oh yeah
                             D(riff)     A
Back in the summer of sixty-nine.
```

Bridge

```
F                      B♭                       C
   Man, we were killin' time, we were young and restless,
     B♭
We needed to unwind.
F              B♭                   C
   I guess nothin' can last forever, forever, no.

| D(riff) | D(riff) | A   | A   | D(riff) | D(riff) | A   | A   ||
```

Verse 4

```
D
   And now the times are changin',
A
   Look at everything that's come and gone.
D
   Sometimes when I play that old six-string
A
   I think about you, wonder what went wrong.
```

Chorus 3

```
Bm                        A
   Standin' on your Mama's porch,
D                              G
   You told me it would last forever.
Bm                          A
   Oh, and when you held my hand,
D                          G
   I knew that it was now or never.
Bm                     A                    D(riff)   A
   Those were the best days of my life, oh yeah
                             D(riff)     A
Back in the summer of sixty-nine.
```

Coda

```
| D   | D   | A   | A   ||
```

Play riff with vocal to fade ad lib.

The Sun Always Shines On TV

Words & Music by Pal Waaktaar

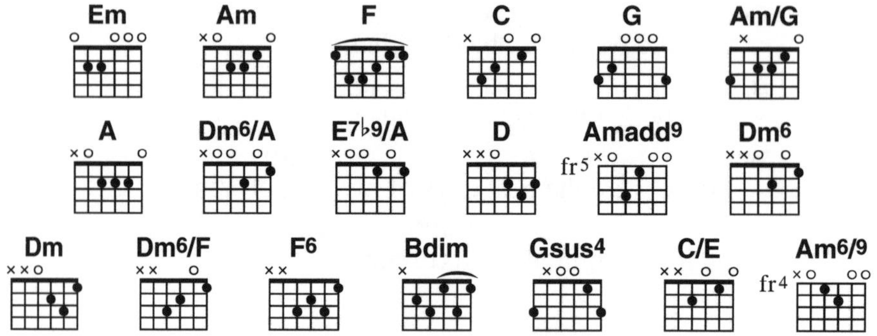

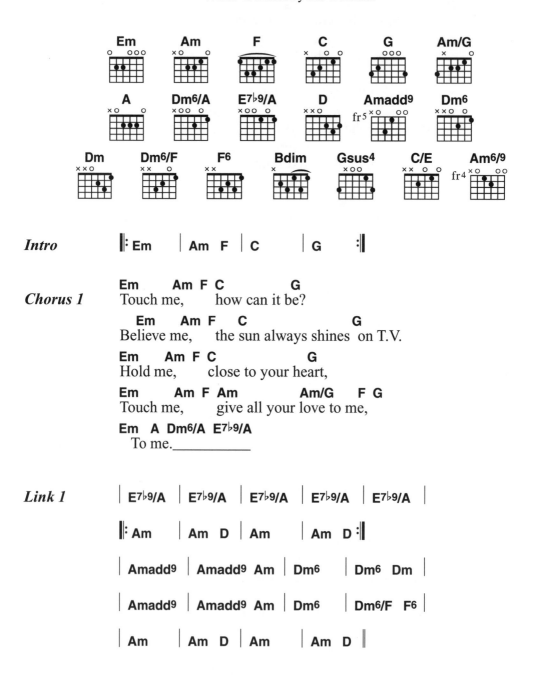

Intro ‖: Em | Am F | C | G :‖

Chorus 1

Em Am F C G
Touch me, how can it be?

Em Am F C G
Believe me, the sun always shines on T.V.

Em Am F C G
Hold me, close to your heart,

Em Am F Am Am/G F G
Touch me, give all your love to me,

Em A Dm6/A E7♭9/A
To me.__________

Link 1

| E7♭9/A | E7♭9/A | E7♭9/A | E7♭9/A | E7♭9/A |

‖: Am | Am D | Am | Am D :‖

| Amadd9 | Amadd9 Am | Dm6 | Dm6 Dm |

| Amadd9 | Amadd9 Am | Dm6 | Dm6/F F6 |

| Am | Am D | Am | Am D ‖

Verse 1

Am Bdim
I reached inside myself

Dm Gsus4
And found nothing there

G C/E
To ease the pressure off

Am Am/G F6 D F
My ever worrying mind, oh.__

Am Bdim Dm
All my powers waste away,

Gsus4 G C/E
I fear the crazed and lonely looks

Am Am/G F6 D F
The mirror's sending me these days, oh.__

Chorus 2

Em Am F C G
Touch me, how can it be?

Em Am F C G
Believe me, the sun always shines on T.V.

Em Am F C G
Hold me, close to your heart,

Em Am F Am Am/G F G
Touch me, give all your love to me.__

Link 2

| Am | Am D | Dm6 | Dm6/F F6 ||

Verse 2

Am Bdim Dm
Please don't ask me to defend

Gsus4
The shameful lowlands

G C/E
Of the way I'm drifting

Am Am/G F6 D F
Gloomily through time, oh.__

Am Bdim Dm
I reached inside myself today

Gsus4 G C/E
Thinking there's got to be some way

Am Am/G F Dm
To keep my troubles distant.

```
              Em        Am  F  C             G
Chorus 3      Touch me,        how can it be?

                 Em     Am  F     C                    G
              Believe me,      the sun always shines  on T.V.

              Em     Am  F  C                  G
              Hold me,       close to your heart,

              Em        Am  F  Am           Am/G      F  G
              Touch me,        give all your love to me.__


Link 3        | Amadd9 | Amadd9 | Am     | Am     |

              | Am6/9  | Am6/9  | Am6/9  | Am     ||


Instrumental  ||: Em    | Am   F | C      | G     :||

              Em     Am  F  C                  G
Chorus 4      Hold me,       close to your heart,

              Em        Am  F  Am           Am/G      F  G
              Touch me,        give all your love to me,__

              Em  D    Amadd9  D  Amadd9  D
                    To me.________________

              | Amadd9 | Amadd9  D | Am    ||
```

Super Trouper

Words & Music by Benny Andersson & Bjorn Ulvaeus

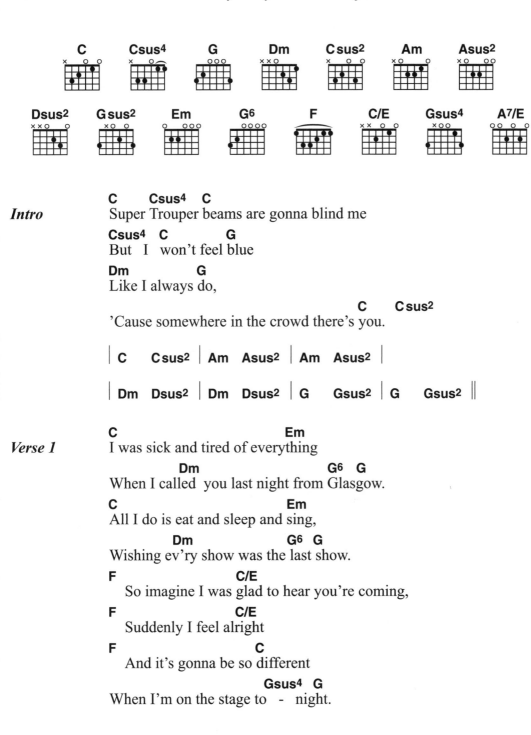

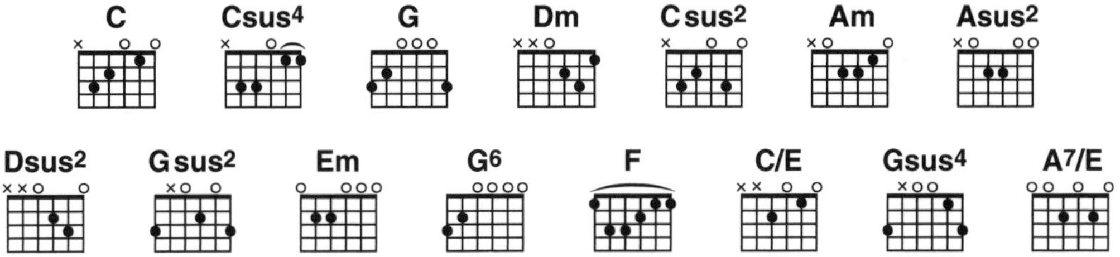

Intro

C Csus4 C
Super Trouper beams are gonna blind me
Csus4 C G
But I won't feel blue
Dm G
Like I always do,
C Csus2
'Cause somewhere in the crowd there's you.

| C Csus2 | Am Asus2 | Am Asus2 |

| Dm Dsus2 | Dm Dsus2 | G Gsus2 | G Gsus2 ||

Verse 1

C Em
I was sick and tired of everything
Dm G6 G
When I called you last night from Glasgow.
C Em
All I do is eat and sleep and sing,
Dm G6 G
Wishing ev'ry show was the last show.
F C/E
So imagine I was glad to hear you're coming,
F C/E
Suddenly I feel alright
F C
And it's gonna be so different
Gsus4 G
When I'm on the stage to - night.

Chorus 1

```
                      C        Csus4   C
Tonight the Super Trouper lights are gonna find me,
Csus4   C       G
Shining like the sun,
Dm              G
Smiling, having fun,
                             C
Feeling like a number one.
                          Csus4   C
Tonight the Super Trouper beams are gonna blind me,
Csus4   C         G
But   I   won't feel blue
Dm            G
Like I always do,
                                        C      Csus2
'Cause somewhere in the crowd there's you.
```

Link

```
| C    Csus2 | Am   Asus2 | Am   Asus2 |
| Dm   Dsus2 | Dm   Dsus2 | G    Gsus2 | G    Gsus2 ||
```

Verse 2

```
C                              Em
Facing twenty thousand of your friends,
                Dm         G6  G
How can anyone be so lonely?
C                         Em
Part of a success that never ends,
                 Dm               G6  G
Still I'm thinking about you on - ly.
F                          C/E
   There are moments when I think I'm going crazy,
F                     C/E
   But it's gonna be alright,
F                         C
   Ev'rything will be so different
                             Gsus4  G
When I'm on the stage to   -   night.
```

Chorus 2

As Chorus 1

Bridge

```
               F                    Am
So I'll be there when you arrive,
                  Dm                G             C
The sight of you will prove to me I'm still alive,
                              G       F
And when you take me in your arms
                   Dm       A7/E
And hold me tight,
 Dm                                  G
I know it's gonna mean so much tonight.
```

Chorus 3

```
                   C       Csus4   C
||: Tonight the Super Trouper lights are gonna find me,
Csus4   C       G
Shining like the sun,
Dm              G
Smiling, having fun,
                          C
Feeling like a number one.
                        Csus4   C
Tonight the Super Trouper beams are gonna blind me,
Csus4   C         G
But   I   won't feel blue
Dm              G
Like I always do,
                                      C     Csus2
'Cause somewhere in the crowd there's you.          :||
```

Repeat to fade

Too Much Too Young

Words & Music by Toby Jepson & Andy Paul

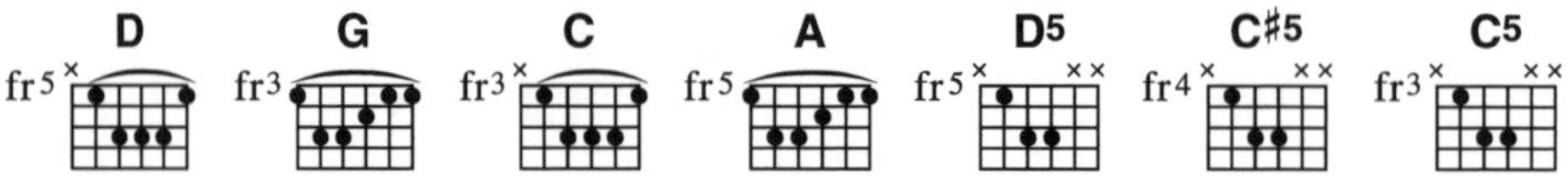

Chorus 1

D G C D
You've done too much much too young

D G C D
You're married with a kid when you could be having fun with me

D G A
(Oh no, no gimme no more pick - ni)

D G C D
You've done too much much too young

D G C D
And now you're married with a son when you should be having fun with me

D G A
(We don't want, we don't want we don't want no more pick - ni)

Verse 1

D5 C♯5 C5 C♯5 D5 C♯5 C5 C♯5
Ain't he cute, no he ain't

D5 C♯5 C5 C♯5 D5 C♯5 C5 C♯5
He's just an - other burden on the wel - fare state

Chorus 2

D G C D
You've done too much much too young

D G C D
You're married with a kid when you could be having fun with me

D G A
(no gimme, no gimme, no gimme no more pick - ni)

Verse 2

D5 C♯5 C5 C♯5 D5 C♯5 C5 C♯5
Call me imma - ture, call me a po - ser

D5 C♯5 C5 C♯5 D5 C♯5 C5 C♯5
I'll spread ma - nure in your bed of ro - ses

D5 C♯5 C5 C♯5 D5 C♯5 C5 C♯5
Don't wanna be rich don't wanna be famous

D5 C♯5 C5 C♯5 D5 C♯5 C5 C♯5
But I'd really hate to have the same name as you

You silly moo

Gtr. solo ‖: D | D | D | D :‖

Chorus 3

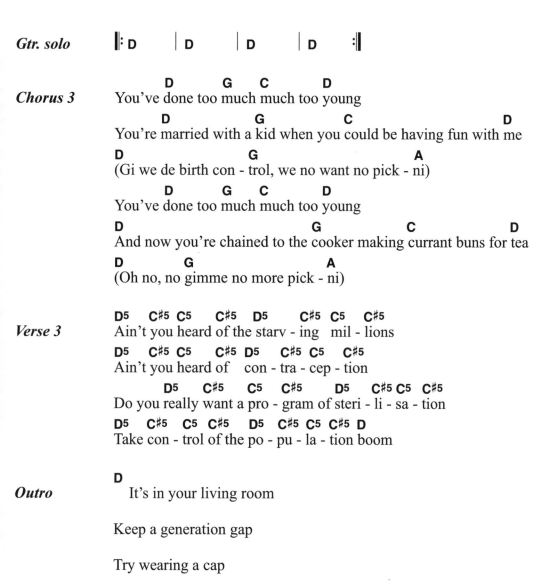

```
         D        G     C         D
You've done too much much too young
        D               G              C                        D
You're married with a kid when you could be having fun with me
D                     G                       A
(Gi we de birth con - trol, we no want no pick - ni)
         D        G     C         D
You've done too much much too young
D                                 G              C               D
And now you're chained to the cooker making currant buns for tea
D          G                          A
(Oh no, no gimme no more pick - ni)
```

Verse 3

```
D5   C#5 C5    C#5  D5     C#5 C5   C#5
Ain't you heard of the starv - ing  mil - lions
D5   C#5 C5    C#5 D5    C#5 C5   C#5
Ain't you heard of   con - tra - cep - tion
        D5    C#5    C5   C#5     D5    C#5 C5 C#5
Do you really want a pro - gram of steri - li - sa - tion
D5   C#5   C5 C#5   D5  C#5 C5 C#5 D
Take con - trol of the po - pu - la - tion boom
```

Outro

```
D
  It's in your living room

Keep a generation gap

Try wearing a cap
```

Town Called Malice

Words & Music by Paul Weller

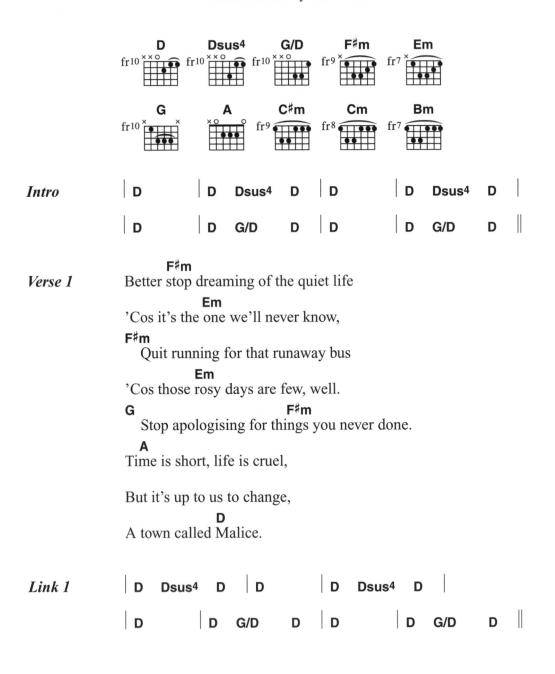

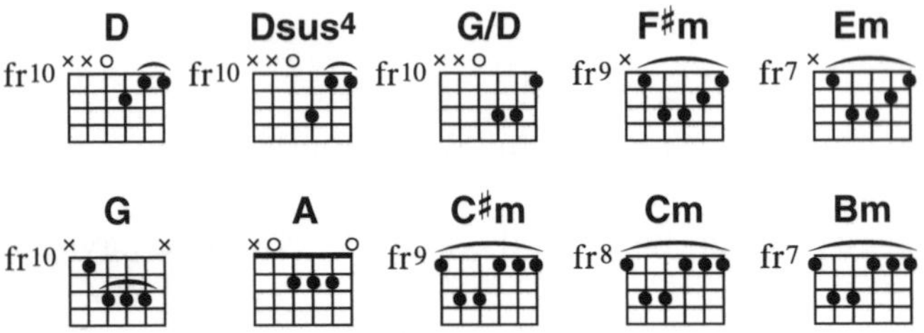

Intro

| D | D Dsus4 D | D | D Dsus4 D |

| D | D G/D D | D | D G/D D ||

Verse 1

F♯m
Better stop dreaming of the quiet life
Em
'Cos it's the one we'll never know,
F♯m
Quit running for that runaway bus
Em
'Cos those rosy days are few, well.
G F♯m
Stop apologising for things you never done.
A
Time is short, life is cruel,

But it's up to us to change,
D
A town called Malice.

Link 1

| D Dsus4 D | D | D Dsus4 D |

| D | D G/D D | D | D G/D D ||

Verse 2

F♯m
Rows and rows of disused milk floats

Em
Stand dying in the dairy yard.

F♯m
And a hundred lonely housewives

Em
Clutch empty milk bottles to their hearts.

G
Hanging out their old love letters

F♯m
On the line to dry.

A
It's enough to make you stop believing

But tears come fast and furious,

D
In a town called Malice.

Link 2

| D Dsus4 D | D | D Dsus4 D |

| D | D G/D D | D | D G/D D ||

Verse 3

F♯m
Ba ba ba ba ba da ba,

Em
Ba ba ba da ba, woah!

F♯m
Ba ba ba ba ba da ba,

Em
Ba ba ba da ba.

G
Struggle after struggle,

F♯m
Year after year.

A
The atmosphere's a fine blend of ice,

I'm almost stone cold dead,

D Dsus4 D
A town called Malice, oo, __ oo, yeah.

Link 3

| D Dsus4 D | D |

| D G/D D | D | D G/D D ||

Middle

```
C♯m
A whole street's belief
Cm  Bm
In  Sunday's roast beef
Cm   C♯m              Cm   Bm
Gets dashed against the   Co-op.
          A
To either cut down on beer

Or the kids new gear,
                                          D
It's a big decision in a town called Malice.
Dsus4   D               | D   Dsus4   D   |
     Oo, __ oo, yeah.

|: (D)      | (D)       | (D)      :|
   Finger clicks
Ooh, __ oo.
```

Verse 4

```
F♯m
   The ghost of a steam train
Em
Echoes down my track.
F♯m
   It's at the moment bound for nowhere,
Em
Just going round and round.
G
   Playground kids and creaking swings,
F♯m
   Lost laughter in the breeze.
A
I could go on for hours

And I probably will,

But I'd sooner put some joy back
                     D        Dsus4  D   Dsus4  D
In this town called Malice,      yeah.
          Dsus4  D      Dsus4    D
|: Ooh, ________                  :|   Repeat to fade
```

True Faith

Words & Music by Peter Hook, Stephen Hague, Bernard Sumner, Gillian Gilbert & Stephen Morris

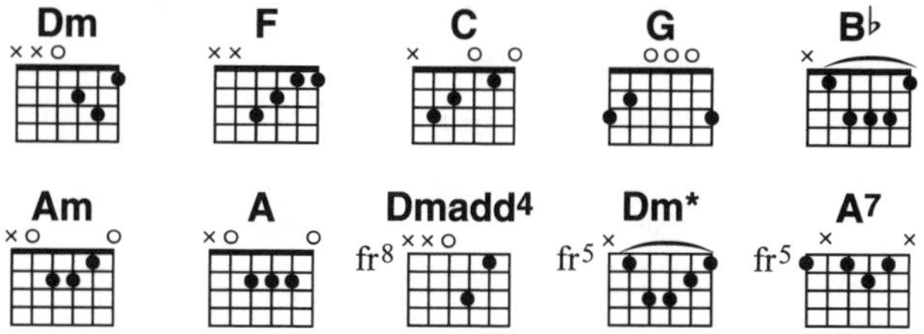

Intro

Drums
| 4 ||

| Dm | F | C | G |

| Dm | F | C | G |

| Dm | F | C | B♭ | B♭ ||

Verse 1

Dm B♭ C
I feel so extra - ordin - ary,
Am C
Something's got a hold on me.
Dm B♭ C
I get this feeling I'm in motion,
Am C
A sudden sense of liberty.
Dm C
I don't care 'cause I'm not there,
B♭ Am
And I don't care if I'm here tomorrow,
C B♭
A - gain and again I've taken too much
Am A
Of the things that cost you too much.

Chorus 1

Dm F C
I used to think that the day would never come,
G Dm
I'd see delight in the shade of the morning sun,
F C
My morning sun is the drug that brings me near
G
To the childhood I lost, replaced by fear.

```
            Dm                          F                  C
cont.          I used to think that the day would never come,
                                    B♭                      | B♭       | B♭       |
            That my life would de - pend on the morning sun.__

            Dm             B♭   C
Verse 2     When I was a very small boy,
            Am                         C
            Very small boys talked to me.
            Dm                       B♭      C
            Now that we've grown up to - gether
            Am               C
            They're afraid of what they see
            Dm                    C
            That's the price that we all pay
                B♭             Am
            Our valued destiny comes to nothing
            C               B♭
            I can't tell you where we're going
              Am                         A
            I guess there's just no way of knowing.

            Dm                          F                  C
Chorus 2       I used to think that the day would never come,
                                     G                    Dm
            I'd see delight in the shade of the morning sun,
                                       F                 C
            My morning sun is the drug that brings me near
                                 G
            To the childhood I lost, replaced by fear.
            Dm                          F                  C
               I used to think that the day would never come,
                                    B♭                      | B♭     | B♭     | B♭
            That my life would de - pend on the morning sun.__

Instrumental | Dm(add4) | Dm*      | Dm(add4) | Dm*      |
             | Dm(add4) | Dm*      | Dm(add4) | A7       ||
             | Dm       | F        | C        | G        |
             | Dm       | F        | C        | G        |
             | Dm       | F        | C        | B♭       | B♭       ||
```

Verse 3

Dm   B♭   C
I feel so extra - ordin - ary,
Am   C
Something's got a hold on me.
Dm   B♭   C
I get this feeling I'm in motion,
   Am   C
A sudden sense of liberty.
     Dm   C
The chances are we've gone too far,
     B♭   Am
You took my time and you took my money.
C   B♭
Now I fear you've left me standing
Am   A
In a world that's so de - manding.

Chorus 3

Dm   F   C
   I used to think that the day would never come,
                                G   Dm
I'd see delight in the shade of the morning sun,
                                    F   C
My morning sun is the drug that brings me near
                              G
To the childhood I lost, replaced by fear.
Dm   F   C
   I used to think that the day would never come
                                       B♭
That my life would de - pend on the morning sun__
Dm   F   C
   I used to think that the day would never come,
                                G   Dm
I'd see delight in the shade of the morning sun,
                                    F   C
My morning sun is the drug that brings me near
                              G
To the childhood I lost, replaced by fear.
Dm   F   C
   I used to think that the day would never come
                                       B♭
That my life would de - pend on the morning sun__

Outro 𝄆 Dm* | Dm* | Dm* | Dm* 𝄇 *Repeat ad lib. to fade*

Uncertain Smile

Words & Music by Matt Johnson

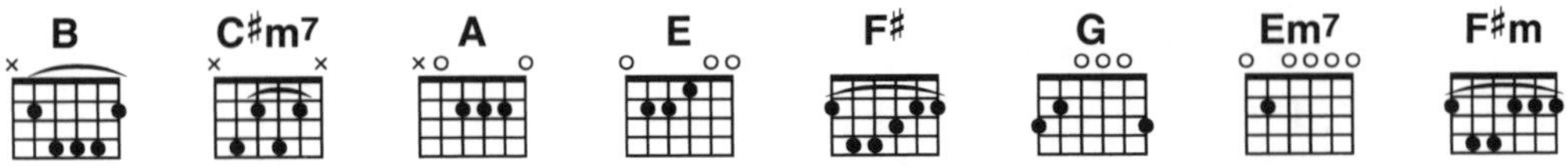

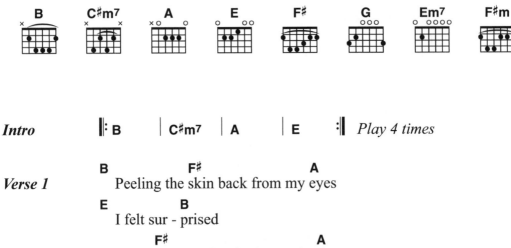

Intro ‖: B | C♯m7 | A | E :‖ *Play 4 times*

Verse 1

B F♯ A
Peeling the skin back from my eyes
E B
I felt sur - prised
F♯ A
That the time on the clock was the time
E B
I usually re - tired
F♯ A
To the place where I cleared my head of you
E B
But just for to - day
F♯ A E
I think I lie here and dream of you

Chorus 1

B F♯ A
I've got you under my skin where the rain can't get in
E B F♯
But if the sweat pours out, just shout
A E
I'll try to swim and pull you out

Link 1 |: G | F♯ | G | A :|

|: Em7 | F♯ | G | A :|

Bridge |: A | A | G | G :|

| F♯ | F♯ | E | E ||

Verse 2

```
B                  F♯                   A              E
   A howling wind blows the litter as the rain flows
B                        F♯                             A
   As street lamps pour orange coloured shapes
                E
Through your    windows
B                 F♯             A                E
   A broken soul stares from a pair of watering eyes
B                      F♯                   A               E
   Uncertain e - motions force an   uncertain   smile
```

Link 2 | B | F♯ | A | E ||

Chorus 2 As Chorus 1

Link 3 |: G | F♯ | G | A :| *Play 4 times*

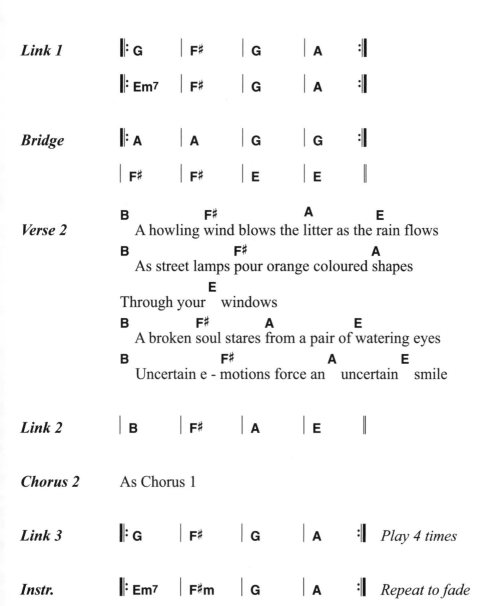

Instr. |: Em7 | F♯m | G | A :| *Repeat to fade*

Under Pressure

Words & Music by David Bowie, Freddie Mercury, Roger Taylor, John Deacon & Brian May

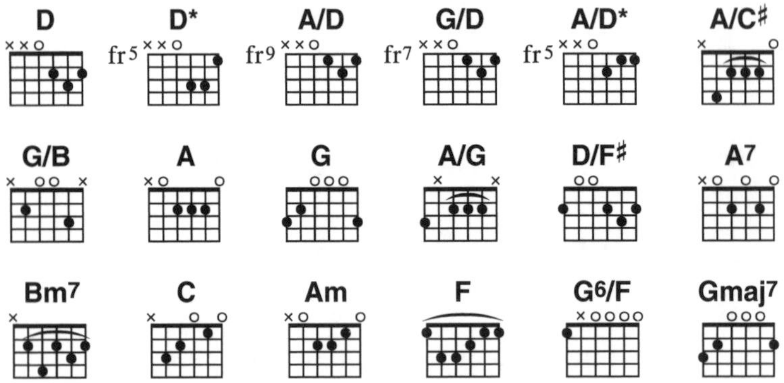

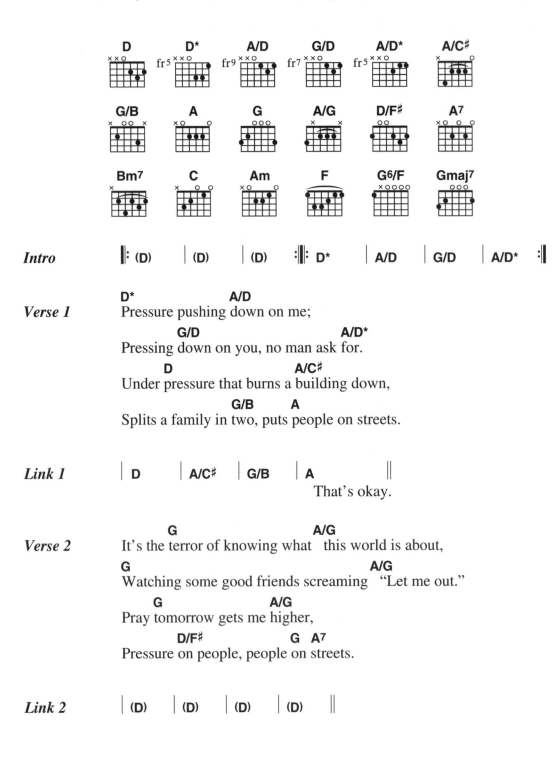

Intro ‖: (D) | (D) | (D) :‖: D* | A/D | G/D | A/D* :‖

Verse 1

D* A/D
Pressure pushing down on me;
G/D A/D*
Pressing down on you, no man ask for.
D A/C♯
Under pressure that burns a building down,
G/B A
Splits a family in two, puts people on streets.

Link 1 | D | A/C♯ | G/B | A ‖
That's okay.

Verse 2

G A/G
It's the terror of knowing what this world is about,
G A/G
Watching some good friends screaming "Let me out."
G A/G
Pray tomorrow gets me higher,
D/F♯ G A7
Pressure on people, people on streets.

Link 2 | (D) | (D) | (D) | (D) ‖

Verse 3

D*
Chipping around,
A/D
Kick my brains around the floor,
G/D
These are the days
A/D*
It never rains but it (pours).

Link 3

| D | A/C♯ | G/B | A |
pours That's okay.

D A/C♯
People on streets,
Bm7 A
People on streets.

Verse 4

G A/G
It's the terror of knowing what this world is about,
G A/G
Watching some good friends screaming "Let me out."
G A/G
Tomorrow takes me higher. ___
D/F♯ G A7
Pressure on people, people on streets.

Bridge

G
Turned away from it all,
C
Like a blind man;
G C
Sat on a fence, but it don't work.
G
Keep coming up with love
C
But it's so slashed and torn.
Am
Why, ___ why,
F G6/F F G6/F
Why? ___________
A A7
Love, love, love, love.

Verse 5

```
   A
Insanity laughs, under pressure we're cracking,
G       D                        G       A
Can't we give ourselves one more chance?
     G       D                  G       A
Why can't we give love one more chance?
     G       D                   G         A          G
Why can't we give love, give love, give love,   give love,
D                    A/C#
Give love, give love, give love, give love.
```

Verse 6

```
       Bm7          A             D
'Cause love's such an old-fashioned word
         A/C#        G/B
And love dares you to care
       A            D          A/C#
For the people on the edge of the night,
         Bm7      A
And love dares you to change our way
   Gmaj7 A/G
Of caring about ourselves.
Gmaj7    A/G       D/F#      G      A7
This is our last dance, this is ourselves
      D                       G  A7
Under pressure, under pressure.
D         G  A7
Pressure.
```

Upside Down

Words & Music by Bernard Edwards & Nile Rodgers

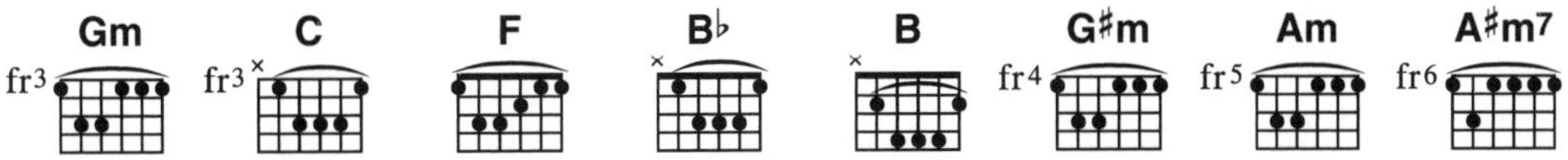

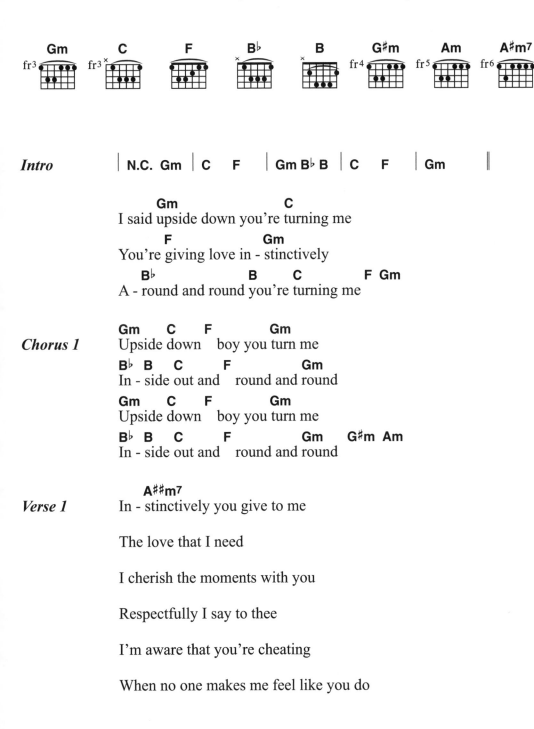

Intro | N.C. Gm | C F | Gm B♭ B | C F | Gm ||

```
      Gm                    C
I said upside down you're turning me
       F                 Gm
You're giving love in - stinctively
    B♭                 B      C            F  Gm
A - round and round you're turning me
```

Chorus 1

```
Gm       C      F            Gm
Upside down   boy you turn me
B♭  B    C          F              Gm
In - side out and   round and round
Gm       C      F            Gm
Upside down   boy you turn me
B♭  B    C          F              Gm      G♯m  Am
In - side out and   round and round
```

Verse 1

```
     A♯♯m7
In - stinctively you give to me
```

The love that I need

I cherish the moments with you

Respectfully I say to thee

I'm aware that you're cheating

When no one makes me feel like you do

Chorus 2 As Chorus 1

Verse 2
A##m7
I know you got charm and appeal

You always play the field

I'm crazy to think you are mine

As long as the sun continues to shine

There's a place in my heart for you

That's the bottom line

Chorus 3 As Chorus 1

Verse 3
A##m7
In - stinctively you give to me

The love that I need

I cherish the moments with you

Respectfully I say to thee

I'm aware that you're cheating

But no one makes me feel like you do

Chorus 4
Gm C F Gm
Upside down boy you turn me
B♭ B C F Gm
In - side out and round and round
Gm C F Gm
Upside down boy you turn me
B♭ B C F Gm
In - side out and round and round
Gm C F Gm
Upside down boy you turn me
B♭ B C F Gm
In - side out and round and round
Gm C F Gm
Upside down boy you turn me
B♭ B C F Gm
In - side out and round and round

```
        Gm                 C
Outro   Upside down you're turning me
              F              Gm
        You're giving love in - stinctively
           B♭              B      C
        A - round and round you're turning me
         F             Gm
        I say to thee re - spectfully
        Gm                 C
        Upside down you're turning me
              F              Gm
        You're giving love in - stinctively
           B♭              B      C
        A - round and round you're turning me
         F             Gm
        I say to thee re - spectfully
              Gm                C
        I said upside down you're turning me
              F              Gm
        You're giving love in - stinctively
           B♭              B      C
        A - round and round you're turning me
         F             Gm
        I say to thee re - spectfully
        Gm                 C
        Upside down you're turning me
              F              Gm
        You're giving love in - stinctively
           B♭              B      C
        A - round and round you're turning me
         F             Gm
        I say to thee re - spectfully
        Gm                 C          F
        Upside down you're turning me

        ||: Gm B♭ B | C   F   | Gm      | C   F   :||  Repeat to fade
```

Walk Like An Egyptian

Words & Music by Liam Sternberg

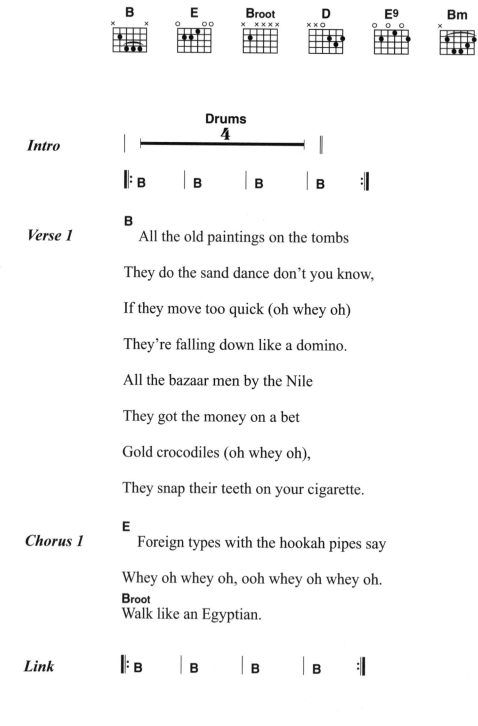

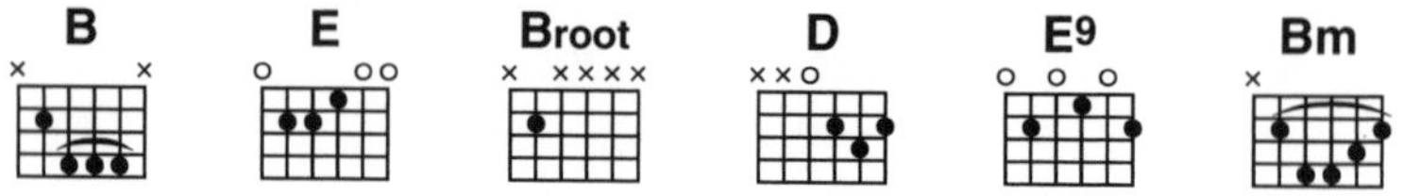

Intro

Drums
| 4 bars | ||

|: B | B | B | B :|

Verse 1

B
All the old paintings on the tombs
They do the sand dance don't you know,
If they move too quick (oh whey oh)
They're falling down like a domino.
All the bazaar men by the Nile
They got the money on a bet
Gold crocodiles (oh whey oh),
They snap their teeth on your cigarette.

Chorus 1

E
Foreign types with the hookah pipes say
Whey oh whey oh, ooh whey oh whey oh.
Broot
Walk like an Egyptian.

Link

|: B | B | B | B :|

Verse 2

B
The blonde waitresses take their trays

They spin around and they cross the floor,

They've got the moves (o-oh whey oh)

You drop your drink then they bring you more

All the school kids so sick of books

They like the punk and the metal band

When the buzzer rings (oh whey oh)

They're walking like an Egyptian.

Chorus 2

E
All the kids in the marketplace say

Whey oh whey oh, ooh whey oh whey oh

Broot
Walk like an Egyptian.

Instrumental

𝄆 D | D | D | D |

| B | B | B | B 𝄇

𝄆 D | D | D | D 𝄇

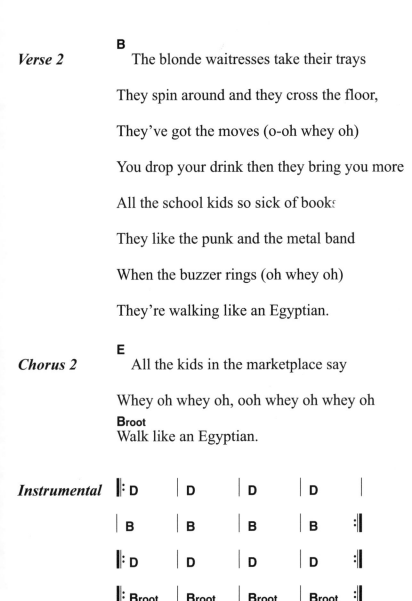

𝄆 Broot | Broot | Broot | Broot 𝄇

Verse 3

N.C (drums only)
Slide your feet up the street bend your back

Shift your arm then you pull it back

Life is hard you know (oh whey oh)

So strike a pose on a Cadillac.

B
If you want to find all the cops

They're hanging out in the donut shop

They sing and dance (oh whey oh),

They spin the club cruise down the block.

All the Japanese with their yen

The party boys call the Kremlin,

And the Chinese know (oh whey oh),

They walk the line like Egyptian.

Chorus 3

E9
All the cops in the donut shop say

Whey oh whey oh, ooh whey oh whey oh

Broot
Walk like an Egyptian,

Walk like an Egyptian.

Outro ||: **B** | **Bm** | **B** | **Bm** :|| *Repeat to fade*

Where The Streets Have No Name

Words & Music by U2

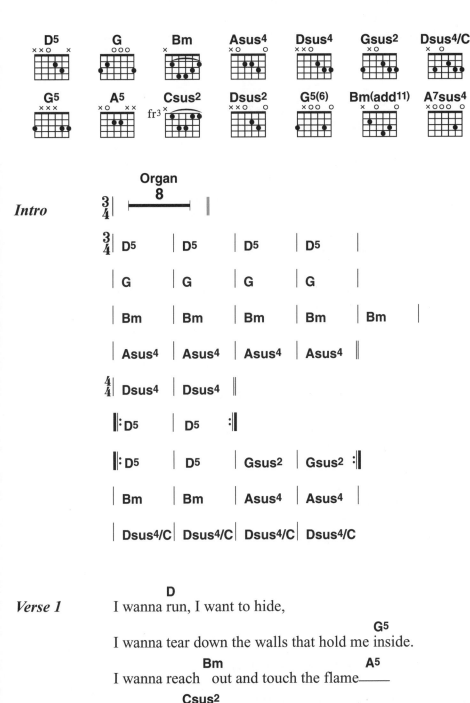

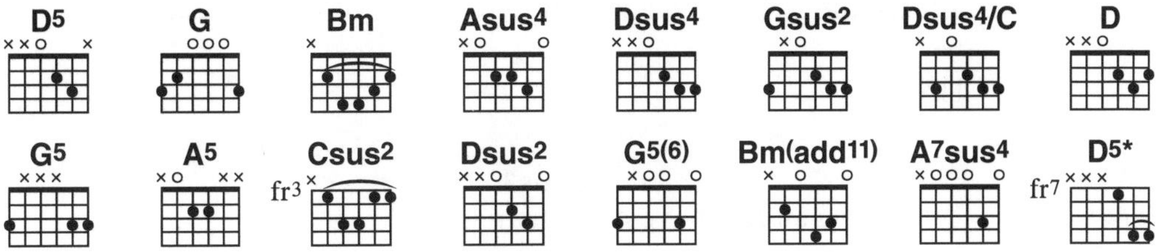

Intro

Organ

3/4 | 8 ||

3/4 | D5 | D5 | D5 | D5 |

| G | G | G | G |

| Bm | Bm | Bm | Bm | Bm |

| Asus4 | Asus4 | Asus4 | Asus4 ||

4/4 | Dsus4 | Dsus4 ||

||: D5 | D5 :||

||: D5 | D5 | Gsus2 | Gsus2 :||

| Bm | Bm | Asus4 | Asus4 |

| Dsus4/C | Dsus4/C | Dsus4/C | Dsus4/C

Verse 1

D
I wanna run, I want to hide,
G5
I wanna tear down the walls that hold me inside.
Bm A5
I wanna reach out and touch the flame——
Csus2

Verse 2

D
I wanna feel sunlight on my face.

G5
I see the dust-cloud disappear without a trace.

Bm A5
I wanna take shelter from the poison rain—

Csus2
Where the streets have no name.

Ho.———

Chorus 1

Dsus2
Where the streets have no— name,

Where the streets have no name.

G5(6)
We're still building and burning down love,

Burning down love.

Bm(add11)
And when I— go there

A7sus4
I go there with— you,

D5*
It's all I can— do.

Verse 3

D
The city's a flood, and our love turns to rust.

We're beaten and blown by the wind,

G5
Trampled in dust.

Bm
I'll show you a place

A5
High on a de - sert plain

Csus2
Where the streets have no name.

Ah.———

Chorus 2

Dsus2
Where the streets have no— name,

Where the streets have no name.

G5(6)
We're still building and burning down love,

cont.

Burning down love.

Bm(add11)
And when I— go there,

A7sus4
I go there with— you.

D5*
It's all— I can— do.

Chorus 3

Dsus2
Our love turns to rust,

G5(6)
We're beaten and blown by the wind,

Blown by the wind.

Dsus2
Oh, and I see love,

See our love turn to rust,

G5(6)
We're beaten and blown by the wind,

Blown by the wind.

Bm(add11)
Oh, when I go there,

A7sus4
I go there with you.

(D5)
It's all I can do.

Outro

3/4 | D5 | D5 | D5 | D5 || *Fade*
(can do.)

The Whole Of The Moon

Words & Music by Mike Scott

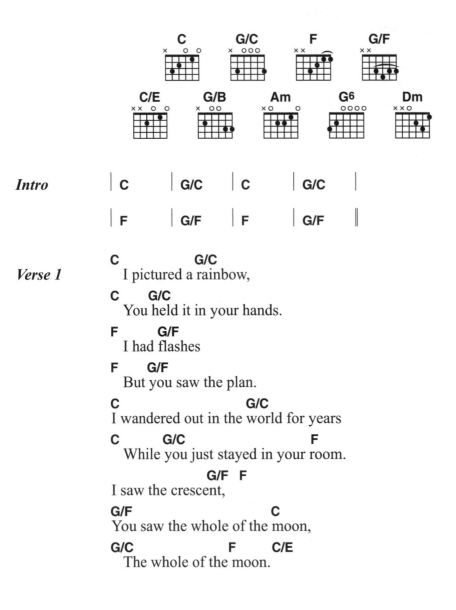

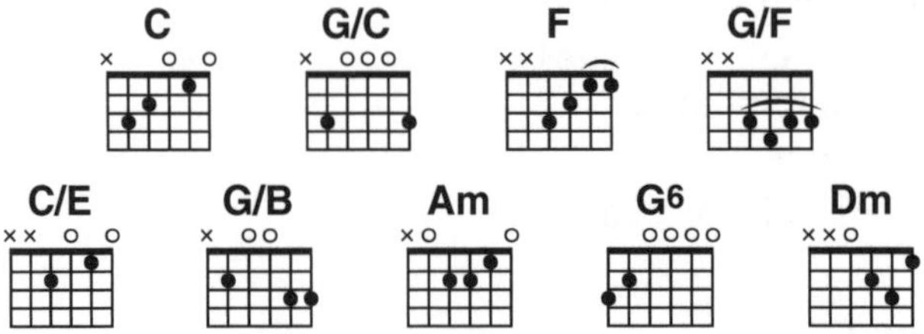

Intro

| C | G/C | C | G/C |
| F | G/F | F | G/F ||

Verse 1

```
C                  G/C
  I pictured a rainbow,
C     G/C
  You held it in your hands.
F         G/F
  I had flashes
F       G/F
  But you saw the plan.
C                           G/C
I wandered out in the world for years
C         G/C                      F
  While you just stayed in your room.
                    G/F  F
I saw the crescent,
G/F                              C
You saw the whole of the moon,
G/C                       F        C/E
  The whole of the moon.
```

Verse 2

```
                    C
You were there in the turn stiles
                   G/C
With the wind at your heels.
        C
You stretched for the stars
                  G/C
And you know how it feels to reach
F           G/F     F
Too high, too far, too soon,
G/F                         C
You saw the whole of the moon.
```

Verse 3

```
             G/C
I was grounded
C        G/C
   While you filled the skies.
F                 G/F               F
   I was dumbfounded by truth,
G/F
You cut through lies.
C                      G/C    C
I saw the rain dirty valley,
G/C
You saw Brigadoon.
F                    G/F  F
   I saw the crescent,
G/F                         C
You saw the whole of the moon.
```

Instrumental

| (C) | G/C | C | G/C |
| F | G/F | F | G/F ||

Middle

```
C                G/B  Am
  I spoke about wings,
G6
You just flew.
 F                          C/E  Dm
I wondered, I guessed and I tried,
C/E
You just knew.
 C       G/C
I sighed,
C      G/C
  And you swooned!
 F               G/F  F
I_ saw the crescent,
G/F                    C
You saw the whole of the moon,
G/C              F       G/F
  The whole of the moon.
```

Verse 4

```
      C
With a torch in your pocket
         G/C
And the wind at your heels.
    C
You climbed on the ladder
          G/C
And you know how it feels to get
F       G/F    F
Too high, too far, too soon,
G/F                    C
You saw the whole of the moon,
G/C              F
  The whole of the moon.
    G/F
Hey, yeah!
```

Verse 5

```
C
Unicorns and cannonballs,
G/C
Palaces and piers.
C
Trumpets, towers and tenements,
      G/C
Wide oceans full of tears.
F
Flags, rags, ferryboats,
G/F
Scimitars and scarves,
F
Every precious dream and vision
G/F
Underneath the stars.
            C
Yes, you climbed on the ladder
            G/C
With the wind in your sails.
      C
You came like a comet,
G/C
Blazing your trail
F           G/F      F
Too high, too far, too soon,
G/F                         C        G/C
You saw the whole of the moon.
```

Outro

```
|: C      | C/G   :|  Play 10 times (vocals ad. lib.)

|  C      | C      ||
```

Relative Tuning

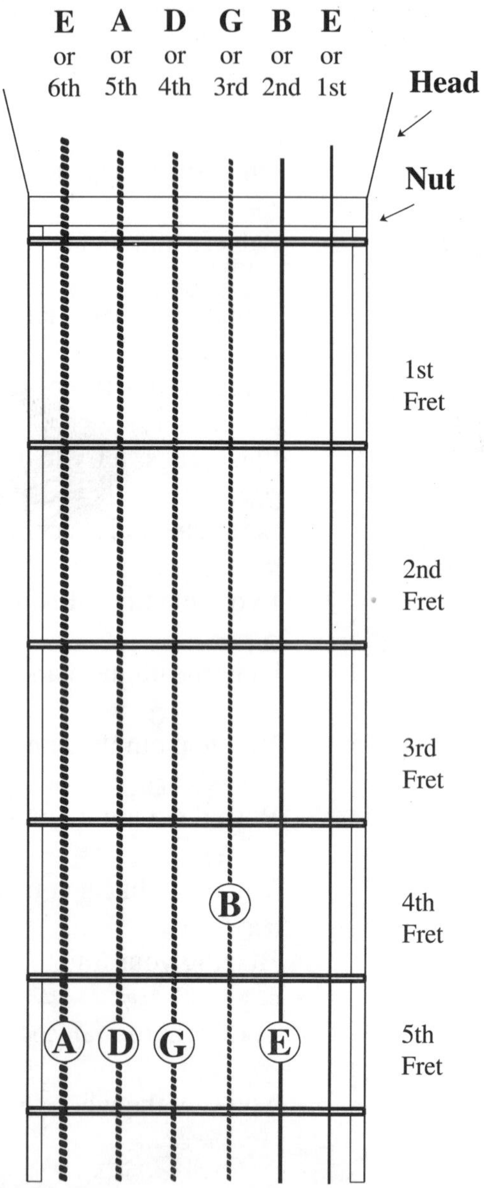

The guitar can be tuned with the aid of pitch pipes or dedicated electronic guitar tuners which are available through your local music dealer. If you do not have a tuning device, you can use relative tuning. Estimate the pitch of the 6th string as near as possible to E or at least a comfortable pitch (not too high, as you might break other strings in tuning up). Then, while checking the various positions on the diagram, place a finger from your left hand on the:

5th fret of the E or 6th string and **tune the open A** (or 5th string) to the note (**A**)

5th fret of the A or 5th string and **tune the open D** (or 4th string) to the note (**D**)

5th fret of the D or 4th string and **tune the open G** (or 3rd string) to the note (**G**)

4th fret of the G or 3rd string and **tune the open B** (or 2nd string) to the note (**B**)

5th fret of the B or 2nd string and **tune the open E** (or 1st string) to the note (**E**)

Reading Chord Boxes

Chord boxes are diagrams of the guitar neck viewed head upwards, face on as illustrated. The top horizontal line is the nut, unless a higher fret number is indicated, the others are the frets.

The vertical lines are the strings, starting from E (or 6th) on the left to E (or 1st) on the right.

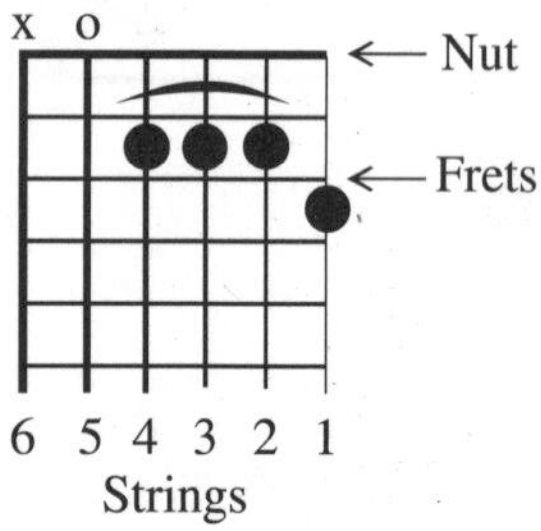

The black dots indicate where to place your fingers.

Strings marked with an O are played open, not fretted. Strings marked with an X should not be played.

The curved bracket indicates a 'barre' - hold down the strings under the bracket with your first finger, using your other fingers to fret the remaining notes.

1 2 3 4 5 6 7 8 9